Die Auflösung und Fusion von Berufsvereinen

und ihre arbeitsrechtliche Bedeutung

Von

Reinhold Freiherr von Ungern-Sternberg
Gerichtsreferendar in Berlin

Berlin und Leipzig 1931

Walter de Gruyter & Co.

vormals G. J. Göschen'sche Verlagshandlung — J. Guttentag, Verlagsbuchhandlung
Georg Reimer — Karl J. Trübner — Veit & Comp.

Inhalt.

Einleitung.

Die Rechtsnatur der Berufsvereine.

Zunächst soll eine kurze Übersicht über die rechtliche Stellung der Berufsvereine gegeben werden. Das erscheint erforderlich, um eine klarere Erkenntnis der Probleme zu ermöglichen, die sich bei der Auflösung und der Fusion von Berufsverbänden ergeben. Außerdem tritt dann auch die praktische Bedeutung dieser Vorgänge stärker hervor.

Eine gesetzliche Begriffsbestimmung der Berufsvereine findet sich nicht. In den arbeitsrechtlichen Gesetzen werden sie gewöhnlich als „wirtschaftliche Vereinigungen von Arbeitgebern und Arbeitnehmern" bezeichnet (s. §§ 10, 11 Abs. II, 20 AGG. und §§ 6, 17, 26, 63 AVAVG.). Für die Berufsvereine der Arbeitnehmer hat sich der Ausdruck „Gewerkschaft" eingebürgert.

Die Rechtsnormen, welche bestimmen, ob und inwieweit Arbeitgeber und Arbeitnehmer zu Berufsvereinen zusammentreten dürfen, bezeichnet man als Koalitionsrecht im objektiven Sinne. Die Freiheit des einzelnen Menschen, solchen Vereinigungen beizutreten, stellt das Koalitionsrecht im subjektiven Sinne (die Koalitionsfreiheit) dar [1]). Die Grundlage des Koalitionsrechtes in Deutschland ist der Art. 159 RV., welcher bestimmt:

> „Die Vereinigungsfreiheit zur Wahrung und Förderung der Arbeits- und Wirtschaftsbedingungen ist für jedermann und für alle Berufe gewährleistet. Alle Abreden und Maßnahmen, welche diese Freiheit einzuschränken oder zu behindern suchen, sind rechtswidrig."

Wie sich aus dem Wortlaut dieser Vorschrift, die im ersten Satze ausdrücklich von einer „Gewährleistung" spricht und im zweiten Satze alle der Vereinigungsfreiheit entgegenlaufenden Abreden und Maßnahmen ohne weiteres für „rechtswidrig" erklärt, ergibt, stellt der Art. 159 RV. unmittelbar wirkendes Gesetzesrecht dar [2]). Hätte der Gesetzgeber

---

[1]) Siehe Kaskel, Arbeitsrecht S. 277.

[2]) So die herrschende Lehre. Literaturangabe s. bei Nipperdey: Die Grundrechte und Grundpflichten der Reichsverfassung, zu Art. 159 S. 385. a. M.: vor allem Potthoff (Die Einwirkung der Reichsverfassung auf das Arbeitsrecht S. 70).

die Absicht gehabt, nur einen Programmsatz für zukünftige Regelung zu schaffen, so hätte er jedenfalls von der sofortigen Festsetzung der Rechtswidrigkeit für alle einschränkenden Maßnahmen abgesehen. Denn einschränken lassen sich nur bereits bestehende Rechte, nicht solche, die für die Zukunft in Aussicht gestellt sind.

Die praktische Bedeutung der Gewährleistung der Vereinigungsfreiheit als verfassungsmäßiges Grundrecht liegt darin, daß sie nur durch ein verfassungsänderndes Reichsgesetz aufgehoben oder eingeschränkt werden kann (Art. 76 RV.) und die Vereinigungsfreiheit nicht mehr lediglich innerhalb der Grenzen des § 152, I GewO. gilt. Weiterhin wird nach herrschender Lehre und nach Ansicht des Reichsgerichts (RGZ. 111, 199) den auf Grund des Art. 159 RV. gebildeten Vereinigungen im Gegensatz zum früheren Rechte durch Art. 159 RV. rechtlicher Schutz zugebilligt, und ist § 152, II GewO., der die Freiheit des jederzeitigen Rücktritts von der Koalition und die Klaglosigkeit der Koalitionsabrede festsetzte, durch Art. 159 RV. gemäß Art. 178 RV. als aufgehoben anzusehen.

Rechtlich nehmen die Berufsverbände infolge ihrer besonderen Aufgaben, Befugnisse und sozialen Funktionen gegenüber sonstigen Vereinigungen eine besondere Stellung ein. Berufsverband im Sinne des Arbeitsrechts ist „jeder freie korporative Zusammenschluß gleichbestrebter Personen auf unabhängiger, beruflicher Grundlage zur Wahrnehmung kollektiver Arbeitnehmer- oder Arbeitgeberinteressen[1])".

Ihrer Natur nach sind diese Berufsverbände privatrechtliche Vereinigungen, die mit recht bedeutsamen öffentlich-rechtlichen Befugnissen ausgestattet sind. Infolge ihres starken öffentlich-rechtlichen Elements leugnen manche die privatrechtliche Natur der Berufsvereine und bezeichnen sie als öffentlich-rechtliche Körperschaften [2]). Dagegen spricht jedoch, daß die Entstehung eines Berufsvereins sich in rein privatrechtlichen Formen, ohne die für öffentlich-rechtliche Körperschaften erforderliche staatliche Anerkennung vollzieht, und auch keinerlei staatlicher Organisationszwang im allgemeinen stattfindet. Nach ihrem Zustandekommen übt der Staat das für die öffentlich-rechtlichen Körperschaften charakteristische staatliche Aufsichtsrecht bei den Berufsvereinen nicht aus. Ein weitgehendes Aufsichtsrecht des Staates über die Berufsvereine würde auch bei der Ver-

---

[1]) Siehe Nipperdey, Lehrb. d. ArbeitsR. II, S. 412.

[2]) So Kaskel, ArbeitsR., S. 280; Kandeler, Die Stellung der Berufsverbände im öffentlichen Recht, S. 99.

folgung ihrer Hauptaufgabe, der Wahrnehmung der Berufsinteressen ihrer Mitglieder im Wirtschaftskampf, durchaus abträglich sein, da es die Handlungsfreiheit mindert.

Als öffentlich-rechtliche Befugnisse sind im wesentlichen folgende den Berufsverbänden obliegende Aufgaben zu nennen.

a) Ihre Beteiligung am Reichswirtschaftsrat durch Benennung von Mitgliedern, die, wenn sie auch nicht als Beauftragte des Berufsverbandes anzusehen sind, immerhin die berechtigten Interessen ihres Berufstandes vertreten.

b) Die Mitwirkung der Berufsverbände am Arbeitsschutzrecht. Auf Grund der Arbeitszeitverordnung steht ihnen das Recht zu, die Arbeitszeit durch Tarif zu verlängern oder zu verkürzen. Soweit eine Veränderung durch die zuständige Behörde vorgenommen wird, besteht ein Anhörungsrecht der Berufsverbände.

c) Auf dem Gebiete des Arbeitsnachweiswesens wird ihnen im Gesetz über die Arbeitsvermittlung und Arbeitslosenversicherung durch das Vorschlagsrecht für die Beisitzer in den Verwaltungsausschüssen der Arbeitsämter und Landesarbeitsämter und im Verwaltungsrat und Vorstand der Reichsanstalt für Arbeitsvermittlung und Arbeitslosenversicherung bedeutender Einfluß zugesichert.

d) An der Sozialversicherung nehmen die Berufsverbände Anteil durch Aufstellung von Vorschlagslisten auf Grund deren die Vertreter der Arbeitnehmer und Arbeitgeber gewählt werden.

e) An der Rechtsprechung der Arbeitsgerichte sind die Berufsvereine insofern beteiligt, als die Beisitzer zu diesen Gerichten nach § 20 AGG. von der höheren Verwaltungsbehörde im Einvernehmen mit dem Präsidenten des Landgerichts aus den Vorschlagslisten der in dem Gerichtsbezirke bestehenden wirtschaftlichen Vereinigungen der Arbeitgeber und der Arbeitnehmer entnommen werden. Von großer Bedeutung ist auch die alleinige Prozeßvertretungsbefugnis der mit Vollmacht versehenen Mitglieder und Angestellten der Berufsvereine vor den Arbeitsgerichten § 11 AGG.

Die wesentlichste Aufgabe und das hauptsächliche Arbeitsfeld der Berufsvereine liegt jedoch auf privatrechtlichem Gebiet. Es ist der Abschluß von Tarifverträgen [1]).

---

[1]) H. L., s. Lit.-Ang. bei Nipperdey, Lehrb. II, S. 115; a. M. insbes. Kaskel, ArbeitsR., S. 16 und Kandeler, a. a. O., S. 11 ff. Diese bezeichnen die Berechtigung zum Abschluß von Tarifverträgen als öffentlich-

Der Tarifvertrag zerfällt in zwei Teile: den normativen Teil und den obligatorischen Teil. Der normative Teil regelt den Inhalt der Einzelarbeitsverträge zwischen den Mitgliedern der beteiligten Verbände. Der obligatorische Teil enthält Verpflichtungen zwischen den beteiligten Berufsverbänden, die in erster Linie der Erhaltung des durch den Tarifvertrag geschaffenen Zustandes dienen sollen (so die Friedenspflicht und die Tariferfüllungspflicht). Die Tariffähigkeit nun, d. h. die Fähigkeit Partei eines Tarifvertrages zu sein, zählt zu den bedeutsamsten Merkmalen für das Vorliegen einer Arbeitgeber- oder Arbeitnehmervereinigung im Sinne des Arbeitsrechts.

Im Zusammenhang mit der Tariffähigkeit ist auch auf die Schlichtungsfähigkeit der Berufsvereine hinzuweisen, d. h. auf die Fähigkeit, Partei eines Schlichtungsverfahrens zu sein. Das Schlichtungsverfahren hat den Zweck, unter behördlicher Mitwirkung den Abschluß einer Gesamtvereinbarung herbeizuführen, um Arbeitskämpfe zu vermeiden oder zu beendigen. Daraus ergibt sich, daß, soweit es sich um die Herbeiführung eines Tarifvertrages im Schlichtungswege handelt, nur tariffähige Parteien schlichtungsfähig sind. Wesentlich ist auch das Antragsrecht der Berufsvereine auf Allgemeinverbindlicherklärung eines Tarifvertrages durch den Reichsarbeitsminister (§ 2 TVO.). Durch die Allgemeinverbindlicherklärung findet eine Erstreckung des persönlichen Geltungsbereiches des Tarifvertrages auf die Außenseiter statt.

Hervorhebung verdient endlich die Vorschrift des § 10 AGG. Hiernach sind die Berufsvereine parteifähig im arbeitsgerichtlichen Verfahren. Hierdurch, sowie durch die Bestimmungen über die Tariffähigkeit und Schlichtungsfähigkeit nehmen die Berufsvereine eine Sonderrechtsstellung im Rechtssystem ein [1]). Die Schaffung dieser Stellung entsprach einer praktischen Notwendigkeit, da ohne sie die Berufsvereine ihren arbeitsrechtlichen Aufgaben als Tarif- und Prozeßpartei nicht entsprechen könnten. Über die erwähnten Bestimmungen hinaus ist die arbeitsrechtliche Gesetzgebung in der Schaffung eines besonderen Berufsvereinsrechts allerdings noch nicht gegangen, obwohl dadurch, wie sich noch zeigen wird, einem dringenden Bedürfnis entsprochen werden würde. Augenblicklich unterliegen die Berufs-

---

rechtliche Befugnis. Hiergegen spricht die privatrechtliche Form des Abschlusses der Verträge und ihr privatrechtlicher Inhalt; denn es handelt sich um die Regelung rein privatrechtlicher Einzelarbeitsverträge.

[1]) Vgl. Tebartz, a. a. O., S. 38, 39; Jacobi, S. 157.

vereine in privatrechtlicher Hinsicht also noch den Bestimmungen des BGB. bezüglich ihrer Rechtsfähigkeit, Organisation und Haftung. Um dem Mangel einer ihrer besonderen Stellung entsprechenden gesetzlichen Regelung abzuhelfen, haben die Berufsvereine den Versuch gemacht, in ihren Satzungen ein besonderes Berufsvereinsrecht herauszuarbeiten [1]), finden aber dabei ihre Schranken in den zwingenden Rechtssätzen des BGB.

Von besonderer Bedeutung ist die Frage der Rechtsfähigkeit der Berufsvereine. Da ihnen im Gesetz nicht grundsätzlich Rechtsfähigkeit zuerkannt ist, sondern nur die oben erwähnten Einzelrechte der Tariffähigkeit und Parteistellung im Arbeitsgerichts- und Schlichtungsverfahren, ihnen hierdurch aber noch nicht die zivilrechtliche Stellung einer juristischen Person zukommt, haben sie als nicht rechtsfähige Vereine zu gelten, soweit sie nicht die Rechtsfähigkeit nach den allgemeinen Regeln des BGB. erworben haben. Von dieser Möglichkeit haben hauptsächlich nur die Arbeitgeberverbände Gebrauch gemacht, während es die Arbeitnehmerverbände vorziehen ohne Rechtspersönlichkeit zu bleiben. Diese Abneigung gegen den Erwerb der Rechtsfähigkeit beruht teils auf historischen Wurzeln, insofern als vor der Revolution ein Einspruchsrecht der Verwaltungsbehörde gegen die Eintragung von Vereinen mit sozialpolitischen Zielen bestand (§ 61, II BGB.), teils scheuen sie die Kontrolle des Registergerichts über die eingetragenen Vereine und sind vor allem bestrebt, den für die eingetragenen Vereine geltenden schärferen Haftungsregeln aus dem Wege zu gehen. Auf die Gewerkschaften finden daher gewöhnlich gemäß § 54 BGB. die Regeln über die Gesellschaft Anwendung. Jedoch wird die Unterstellung unter diese Vorschriften den tatsächlichen Umständen wenig gerecht und schafft durchaus unbefriedigende Verhältnisse. Es ist ein unnatürlicher Zustand, daß so gewaltige Organisationen wie die Gewerkschaften nicht selbst Träger von Rechten und Pflichten sind, sondern diese auf den einzelnen Mitgliedern in ihrer Gesamtheit lasten. Soweit ein Berufsverein die Rechtsfähigkeit erwirbt (so die meisten Arbeitgeberverbände), untersteht er den Vorschriften des BGB. über rechtsfähige Vereine.

---

[1]) Vgl. Rummert, a. a. O., S. 5.

Hauptteil.

I. Abschnitt.

Der Einfluß der Auflösung eines Berufsvereins auf einen laufenden Tarifvertrag.

Die Auflösung eines Berufsvereins kann aus sehr verschiedenen Gründen erfolgen. Oft sind es allgemeine Wirtschaftskrisen die zur Auflösung führen; es können aber auch politische Machtverschiebungen oder sonstige Anlässe allgemeiner Natur die Auflösung zur Folge haben. Andererseits sind aber Fälle vorgekommen, in denen Berufsverbände ihre Auflösung zu dem besonderen Zwecke beschlossen haben, um den Verpflichtungen und Rechtswirkungen eines ihnen lästigen Tarifvertrages zu entgehen, insbesondere wenn er im Wege der Verbindlicherklärung eines Schiedsspruches im Schlichtungsverfahren zustande gekommen ist.

Es wird nun zu prüfen sein, welche Folgen die Auflösung für einen laufenden Tarifvertrag hat, insbesondere ob dadurch die sofortige Beendigung des Tarifvertrages herbeigeführt wird.

Die Bedeutung der Frage wird klar, wenn man sich die wirtschaftlichen Aufgaben vergegenwärtigt, die durch den Tarifvertrag erfüllt werden sollen.

Ganz allgemein gesehen dient der Tarifvertrag der kollektiven Regelung der Arbeitsbedingungen, d. h. die Bedingungen der Einzelarbeitsverträge werden durch die Organisationen der Arbeitnehmer und Arbeitgeber (bzw. auf Arbeitgeberseite auch den einzelnen Arbeitgebern) geregelt. Dadurch wird erreicht, daß die Festsetzung der Arbeitsbedingungen durch annähernd gleich starke Partner erfolgt, und es nicht zu einem einseitigen Diktat durch die wirtschaftlich dem einzelnen Arbeitnehmer überlegenen Arbeitgeber kommt. Vor allem soll aber auch eine gewisse Gleichmäßigkeit und Stetigkeit der Arbeitsbedingungen, ihre Unabhängigkeit von Konjunkturschwankungen, und die Vermeidung der Regelung der Arbeitsbedingungen im Wege wirtschaftsschädlicher Arbeitskämpfe erreicht werden. Wenn also der Tarifvertrag die Arbeitsbedingungen auch nicht gleich einem Gesetze auf die Dauer regeln soll, so ist er doch nur sinnvoll, wenn seine Bestimmungen eine gewisse Zeit Geltung haben und nicht jederzeit beseitigt werden können. Daher werden die meisten Tarifverträge auf eine bestimmte Dauer abgeschlossen oder es wird in ihnen eine Frist bestimmt, innerhalb welcher sie durch die Parteien kündbar sind. Der sofortige Wegfall des Vertrages mit dem Auflösungsbeschluß des einen beteiligten Berufsverbandes würde also dem Tarif z w e c k jedenfalls nicht entsprechen und wäre vom wirtschaftlichen Standpunkt aus zu verurteilen [1]).

Andererseits ergibt sich aus der rechtsgeschäftlichen Natur des Tarifvertrages, daß der Wegfall der einen Tarifvertragspartei jedenfalls nicht ohne Einfluß auf das Schicksal des Tarifvertrages bleiben kann. Denn er ist nicht, wie etwa ein Gesetz, unabhängig vom Schicksal seiner Träger. Zwar kommt der normative Teil des Tarifvertrages insofern dem Gesetzesrecht nahe, als auch er als Rechtsquelle anzusprechen ist. Er schafft nicht subjektive Rechte und Pflichten zwischen den vertragschließenden Parteien, sondern trifft Bestimmungen für die Arbeitsverträge zwischen den einzelnen Arbeitgebern und Arbeitnehmern innerhalb eines bestimmten räumlichen, zeitlichen, persönlichen und fachlichen Geltungsbereichs, die zur Zeit des Abschlusses des Tarifvertrages noch gar nicht zu bestehen brauchen. Der normative Teil des Tarifvertrages stellt also objektives Recht dar. Trotzdem wäre es nach dem geltenden Tarifvertragsrecht nicht möglich, etwa den normativen Teil des Tarifvertrages bei der Auflösung eines der tarifbeteiligten Verbände als weiterbestehend zu betrachten, während der obligatorische Teil, wie jeder schuldrechtliche Vertrag, beim Wegfall der einen Vertragspartei untergeht. Denn trotz der begrifflichen Scheidung des Tarifvertrages in einen normativen und einen obligatorischen Teil stellt er sich im Rechtsleben als ein einheitliches Rechtsgeschäft dar und wird in der Rechtsordnung als solches behandelt. Zwischen beiden Teilen des Tarifvertrages besteht ein innerer Zusammenhang insofern, als der obligatorische Teil in erster Linie dazu

---

[1]) Eine fristlose Kündigung des Tarifvertrages aus wichtigem Grunde ist gesetzlich nicht vorgesehen und wird daher im Hinblick auf die notwendige Stetigkeit der tarifvertraglichen Bestimmungen mit Recht als unzulässig abgelehnt. Siehe H u e c k - N i p p e r d e y, Lehrb. II, S. 178; K a s k e l, ArbeitsR., S. 53; K a n d e l e r in „Der Kaufmann in Wirtschaft und Recht". 1926, S. 394.

bestimmt ist, der Erhaltung und Durchführung des normativen Teiles zu dienen (Friedenspflicht, Durchführungspflicht). Auch stehen die Arbeitsnormen zu den schuldrechtlichen Verpflichtungen in der Regel im Verhältnis der Leistung und Gegenleistung. Verschiedene Regeln eines Tarifvertrages äußern überdies sowohl obligatorische als auch normative Wirkungen [1]). Endlich gibt es nach dem geltenden Recht überhaupt keine Tarifverträge ohne obligatorische Bestimmungen. Vielmehr sind die Friedenspflicht und die Tariferfüllungspflicht, wie bereits oben erwähnt, jedem Tarifvertrag immanent, selbst wenn sie nicht ausdrücklich vereinbart sind. Jegliche Einwirkungen auf den Bestand des Tarifvertrages erfassen also den normativen wie den obligatorischen Teil in gleicher Weise [2]).

Zur Lösung des Problems bedarf es einer näheren Erörterung der Auflösungsvorgänge; und zwar soll zunächst der Fall behandelt werden, daß sich ein rechtsfähiger Verband auflöst, und darauf auf die Auflösung eines nicht rechtsfähigen Berufsvereins eingegangen werden.

Die Auflösung eines rechtsfähigen Vereins vollzieht sich nicht durch eine einmalige Handlung, sondern der Verein macht bis zur endgültigen Auflösung verschiedene Stadien durch. Daher ist es richtiger vom Auflösungsv e r f a h r e n zu sprechen.

Das Auflösungsverfahren beginnt mit dem Auflösungsbeschluß. Dieser ist, sofern nicht die Satzungen etwas anderes bestimmen, gemäß § 41 BGB. mit einer Mehrheit von $^3/_4$ der erschienenen Mitglieder zu fassen. Damit ist die A u f l ö s u n g des Vereins aber rechtlich noch n i c h t vollzogen. Durch den Auflösungsbeschluß findet vielmehr lediglich der Wille der Mitglieder seinen Ausdruck, die Auflösung des Vereins herbeizuführen. Nach § 47 BGB. tritt der Verein nunmehr, soweit nicht das Vereinsvermögen an den Fiskus fällt, in das Liquidationsstadium, d. h. es findet ein Verfahren statt, in welchem die Verbindlichkeiten des Vereins berichtigt und der Überschuß des Vermögens an die Anfallsberechtigten herausgegeben wird. Der § 49, II BGB. bestimmt nun:

„Der Verein gilt bis zur Beendigung der Liquidation als fortbestehend, soweit der Zweck der Liquidation es erfordert."

Das bedeutet, daß der Verein einstweilen tatsächlich als juristische Person weiter besteht, wenn auch mit eng begrenztem Zweck und

---

1) Siehe darüber N i p p e r d e y , Lehrb. II, S. 113, II.

2) Davon unabhängig ist die Frage, ob die Tarifnormen kraft ihrer Nachwirkung für die Einzelarbeitsverhältnisse weiter gelten.

entsprechender Kompetenz der Organe [1]). Organe des Vereins in Liquidation sind die Liquidatoren, d. h. der frühere Vorstand des Vereins oder auch eigens dazu bestimmte Personen (§ 48 BGB.). Die Aufgaben der Liquidatoren bestimmt das Gesetz im § 49, I BGB. Sie haben die laufenden Geschäfte zu beendigen, die Forderungen einzuziehen, das übrige Vermögen in Geld umzusetzen, die Gläubiger zu befriedigen und den Überschuß den Anfallsberechtigten auszuantworten. Zur Beendigung schwebender Geschäfte können die Liquidatoren auch neue Geschäfte eingehen. „Laufende Geschäfte" im Sinne des § 49 BGB. sind alle Geschäfte, die während des Bestehens des Vereins abgeschlossen worden und noch nicht vollständig erledigt sind [2]). Daraus folgt, daß auch noch nicht beendigte Verträge, insbesondere auch Tarifverträge zu den laufenden Geschäften gehören und daher in der Liquidation abzuwickeln sind. Bei der Beendigung haben die Liquidatoren ebenso vorzugehen, wie der Verein selbst zum Zwecke der Abwicklung der betreffenden Geschäfte vorzugehen berechtigt wäre. Noch nicht beendigte Tarifverträge sind also innerhalb der für sie geltenden Frist zu kündigen. Wird die Kündigung während der Liquidation nicht ausgesprochen, so muß sie als am Tage der Einleitung der Liquidation ausgesprochen angesehen werden, so daß von diesem Tage ab die Kündigungsfrist läuft [3]).

Bei fest befristeten Tarifverträgen darf der Abschluß der Liquidation erst an dem für den Ablauf des Tarifvertrages bestimmten Zeitpunkt erfolgen.

Somit ergibt sich, daß der Auflösungsbeschluß eines rechtsfähigen

---

[1]) v. Tuhr, Allg. T. d. BGB. I, S. 564.

[2]) Siehe Staudinger, Komm. z. BGB. I, Allg. T. zu § 49, III, 1 a.

[3]) a. M. Kandeler, in „Der Kaufmann in Wirtschaft und Recht" 1926, S. 395. Kandeler will in diesem Falle den Tarifvertrag fortbestehen lassen bis die Liquidation „tatsächlich beendet ist". Er meint damit wohl, bis alle übrigen Liquidationsgeschäfte abgewickelt sind. Diese Auffassung hat jedoch den Nachteil, daß dann der Tarifvertrag auf unbestimmte Zeit fortgelten würde, da das BGB. (§ 51) nur eine Mindestfrist für die Dauer der Liquidation bestimmt. Überdies erscheint seine Auffassung auch nicht folgerichtig, denn wenn man die Kündigung bestehender Tarifverträge schon zu dem Liquidationsgeschäfte zählt, so kann von einer „tatsächlichen" Beendigung der Liquidation nur gesprochen werden, wenn die Kündigungsfrist auch abgelaufen ist. Sonst ist die Liquidation eben nicht beendet, da ein Liquidationsgeschäft noch nicht abgewickelt ist. Möglich ist zwar, daß der Abschluß der Liquidation tatsächlich vor Abwicklung sämtlicher Liquidationsgeschäfte erfolgt; das wäre dann aber ein rechtswidriger Ausnahmefall, der nicht zur Regel erhoben werden darf.

Tarifverbandes die sofortige Beendigung des Tarifverhältnisses nicht zur Folge hat, da damit die Tarifpartei noch nicht weggefallen ist. Vielmehr wird der Tarifvertrag auf begrenzte Zeit (Ablauf der Kündigungsfrist) mit dem Verband in Liquidation fortgesetzt. Während dieser Zeit besteht der Tarifvertrag mit voller Wirkung sowohl der schuldrechtlichen Verpflichtung als auch des normativen Teiles weiter.

Dieses Ergebnis entspricht auch der heute herrschenden Lehre [1]).

Bei nicht rechtsfähigen Vereinen bestehen größere rechtliche Schwierigkeiten. Auch hier vollzieht sich die Auflösung rein äußerlich in ähnlichen Formen wie beim rechtsfähigen Verein. Nach § 54 BGB. finden auf den nichtrechtsfähigen Verein die Vorschriften über die Gesellschaft Anwendung. Dadurch wird aber nicht etwa der nicht rechtsfähige Verein der Gesellschaft gleichgestellt; vielmehr bleibt er seiner Rechtsnatur nach ein Verein, d. h. eine dauernde korporative, von dem Wechsel der Mitglieder unabhängige Organisation mit selbständigem Vermögen [2]). In einzelnen Beziehungen findet sich eine ausdrückliche, vom Gesellschaftsrecht abweichende Regelung der Rechte des nicht rechtsfähigen Vereins im Gesetz (s. § 54 Satz 2 BGB., § 50, II ZPO., § 213 KO.). Im übrigen machen die nicht rechtsfähigen Vereine von der Möglichkeit, die nicht zwingenden Vorschriften des Gesellschaftsrechts durch Satzungsbestimmungen zu ersetzen, in der

---

[1]) Vgl. Hueck-Nipperdey, Lehrb. 1930 II, S. 179, im Gegensatz zu Nipperdey, Beiträge 1924, S. 132; Kaskel, ArbeitsR. S. 53; Groß, in Kartenauskunftei des ArbeitsR. unter „Berufsverein, Auflösung"; Kandeler, in „Der Kaufmann in Wirtschaft und Recht" 1926, S. 394/95; Lutz Richter, in Material-Blätter f. Wirtsch. u. Soz. Pol. 1929, S. 116 ff. und 1930 S. 146 ff; Finke, Das Recht d. Gewerkschaft auf tarifliche Regelung der Arbeitsbedingungen S. 76 ff. u. 85 ff.; a. M. Hueck, TarifR. S. 40 ff. u. Das Recht des Tarifvertrages S. 79 ff., Genthe, NZfA. 1925, Heft 2, Sp. 85 ff.; Jacobi, Grundlehren S. 218 ff.; Sinzheimer, Arbeitstarifges. S. 77/8; Lotmar, Arbeitsvertrag S. 794. Diese Autoren bezeichnen die Auflösung schlechthin als Beendigungsgrund des Tarifvertrages, ohne des näheren auf die Frage einzugehen, wann die Auflösung rechtswirksam erfolgt ist (ob schon mit dem Auflösungsbeschluß oder erst mit Beendigung der Liquidation). Gemeint ist aber wohl die Beendigung mit dem Auflösungsbeschluß, da auch nach dem Sprachgebrauch des Gesetzes (§ 45 BGB.) mit dem Wort „Auflösung" der Auflösungsbeschluß bezeichnet wird. Die Beendigung des Tarifvertrages mit dem Auflösungsbeschluß ist jedoch ein praktisch sehr unbilliges Ergebnis. Denn nach dieser Ansicht besteht die Möglichkeit einen Tarifvertrag jeder Zeit mit sofortiger Wirkung zu Fall zu bringen. Der Grundsatz „pacta sunt servanda" wird nicht aufrechterhalten.

[2]) Siehe Enneccerus I, S. 268.

Regel Gebrauch. Da ferner die Satzung, wie der Gesellschaftsvertrag, keiner Form unterliegt, können auch Satzungsbestimmungen als stillschweigend vereinbart angesehen werden, soweit Vereine in gewissen Beziehungen ihre Verhältnisse in bestimmter Art zu regeln pflegen [1]). So z. B. muß mangels ausdrücklicher Satzungsbestimmungen immer als auf Grund des § 736 BGB. stillschweigend vereinbart angesehen werden, daß der Verein durch Austritt, Tod oder Konkurs eines Mitgliedes nicht aufgelöst wird, da Vereine regelmäßig vom Wechsel ihrer Mitglieder unabhängig sein wollen. Die Auflösungsgründe sind vielmehr dieselben wie beim rechtsfähigen Verein, vor allem findet auch die Auflösung auf Grund Auflösungsbeschlusses der Mitgliederversammlung statt, welcher einstimmig gefaßt werden muß, soweit nicht die Satzung einen Mehrheitsbeschluß für genügend erklärt [2]).

Wie beim rechtsfähigen Verein die Liquidation, so findet beim nicht rechtsfähigen Verein im Anschluß an den Auflösungsbeschluß in Ansehung des Gesellschaftsvermögens die Auseinandersetzung unter den Gesellschaftern statt (§ 730 BGB.). Nach § 730, II BGB. gilt die Gesellschaft für die Beendigung der schwebenden Geschäfte, für die dazu erforderliche Eingehung neuer Geschäfte sowie für die Erhaltung und Verwaltung des Gesellschaftsvermögens als fortbestehend, soweit der Zweck der Auseinandersetzung es erfordert.

Zwischen der Liquidation beim rechtsfähigen Verein und der Auseinandersetzung auf Grund des § 730 BGB. bestehen jedoch Unterschiede, und gerade mit Rücksicht auf die verschiedene Natur der Liquidation und der Auseinandersetzung ist das Reichsarbeitsgericht zu einer verschiedenen Behandlung des Problems der Wirkungen der Auflösung auf einen laufenden Tarifvertrag beim rechtsfähigen und beim nicht rechtsfähigen Verein gekommen. Siehe das Urteil vom 26. Oktober 1929. Entscheidung des RAG. 5,1—11. Es wird daher auf diese Fragen näher einzugehen sein.

Die Liquidation nach § 49 BGB. hat anderen Zwecken zu dienen

---

[1]) Gierke, a. a. O., S. 74.

[2]) Meistens enthalten aber die Satzungen Bestimmungen über die Auflösung und die Gewerkschaften sind gewöhnlich bestrebt durch Festsetzung einer möglichst hohen erforderlichen Mehrheit die Auflösung zu erschweren. So verlangt z. B. der Deutsche Werkmeisterbund die Annahme des Auflösungsbeschlusses auf zwei Bundestagen, um sich dadurch bei derartig einschneidenden Entscheidungen nach Möglichkeit vor Zufallsmajoritäten zu sichern. Zur Auflösung des Reichsverbandes der Büroangestellten und Beamten ist die Annahme des Beschlusses mit $^4/_5$ Mehrheit nach einer Urabstimmung erforderlich.

als die Auseinandersetzung bei der Gesellschaft. Das ergibt sich zwangsläufig daraus, daß der rechtsfähige Verein juristische Person, also selbst Träger von Rechten und Pflichten ist, während der Gesellschaft keine Rechtspersönlichkeit zukommt. Denn den Gläubigern des rechtsfähigen Vereins haftet bei der Auflösung das Vereinsvermögen und nur das Vereinsvermögen. Die Liquidation muß also dem Zweck dienen, die Gläubiger aus dem Vereinsvermögen zu befriedigen. Daher auch die Bestimmungen über das Sperrjahr (§ 51) und die Bekanntmachung der Auflösung mit der Aufforderung der Gläubiger zur Anmeldung ihrer Ansprüche (§ 50). Denn nach ordnungsmäßiger Beendigung der Liquidation hört jede Haftung des Vereins auf.

Träger der Rechte und Pflichten bei der Gesellschaft ist jedoch nicht die Gesellschaft als solche, sondern die Gesellschafter, die zu einer Gesamthandsgemeinschaft verbunden sind. Daher haften den Gesellschaftsgläubigern regelmäßig außer dem Gesellschaftsvermögen auch die Gesellschafter mit ihrem sonstigen Vermögen. Allerdings können die Gesellschafter die Haftung vertragsmäßig auf das Gesellschaftsvermögen beschränken. Aus der persönlichen Haftung der Gesellschafter ergibt sich nun, daß die Auseinandersetzung der Gesellschaft im Gegensatz zu der Liquidation des rechtsfähigen Vereins nicht dazu dient, die Gläubiger zu befriedigen. Denn da es sich um eine persönliche Haftung handelt, erlöschen die Forderungen der Gläubiger bei Auflösung der Gesellschaft nicht, soweit sie nicht bei der Auseinandersetzung befriedigt werden, sondern sie bestehen gegen die einzelnen Gesellschafter weiter. (War die Haftung auf das Gesellschaftsvermögen beschränkt, so erstreckt sich nach der Auseinandersetzung die Haftung der einzelnen Gesellschafter auf das, was sie bei der Auseinandersetzung aus dem Gesellschaftsvermögen erhalten haben [1]). Dementsprechend haben die Gläubiger auch keinen Anspruch auf Befriedigung in der Auseinandersetzung [2]). Denn die Auseinandersetzung erfolgt nicht im Interesse der Gläubiger, da keine Gläubigerinteressen gefährdet werden, sondern in dem der Gesellschafter. Überhaupt enthält das Gesetz keinerlei Schutzbestimmungen zugunsten der Gläubiger im Auseinandersetzungsverfahren. Es hat die Aufgabe, jedem Gesellschafter seinen Anteil am Gesellschaftsvermögen zukommen zu lassen, ist also eine rein interne Angelegenheit. Durch den internen Charakter der Auseinandersetzung bei der Ge-

[1]) h. L. s. Planck, Komm. z. BGB. Bem. 4 zu § 735 BGB.

[2]) Siehe Staudinger, Komm. z. BGB. zu § 730, IV.

sellschaft hat sich nun das Reichsarbeitsgericht veranlaßt gesehen, die ordnungsmäßige Abwicklung eines laufenden Tarifvertrages nicht zu den in der Auseinandersetzung vorzunehmenden Rechtshandlungen zu zählen, sondern den Tarifvertrag mit dem Auflösungsbeschluß des nicht rechtsfähigen Berufsvereins als beendet anzusehen. Dabei hat es das Reichsarbeitsgericht unterlassen auf die Frage einzugehen, ob die Auseinandersetzung einer bürgerlich-rechtlichen Gesellschaft auf Grund § 730 BGB. der Liquidation des nicht rechtsfähigen Vereins völlig gleichzustellen ist. Offenbar ist das Reichsarbeitsgericht geneigt, die Frage aus dem Grunde zu bejahen, weil in dem einen wie in dem anderen Falle der § 730 BGB. Anwendung findet. Und doch hätte es m. E. gerade hier einer genauen Prüfung bedurft.

Denn, wie dargelegt, ist der Rechtsgrund für die Beschränkung der Auseinandersetzung auf die internen Gesellschaftsangelegenheiten die unveränderte Stellung der Gläubiger nach Auflösung der Gesellschaft. Die Nichtgefährdung von Gläubigerinteressen ist der Ausgangspunkt für den oben dargelegten Auseinandersetzungsbegriff bei der Gesellschaft. Beim nicht rechtsfähigen Verein wird das in vielen Fällen ebenfalls zutreffen, da ja auch hier eine persönliche Haftung gegeben ist. Allerdings ist sie beim nicht rechtsfähigen Verein nach herrschender Lehre in der Regel stillschweigend als auf das Vereinsvermögen beschränkt anzusehen. Jedoch muß damit jeder, der sich mit einem nicht rechtsfähigen Verein einläßt, von vornherein rechnen. Wesentlich ist jedoch, daß beim nicht rechtsfähigen Verein auch solche Verpflichtungen vorkommen, die nur der Verein als solcher, und niemals das einzelne Vereinsmitglied nach dessen Auflösung erfüllen kann. Die Stellung der Gläubiger solcher Verpflichtungen würde mithin bei Auflösung des Vereins vor Berichtigung dieser Verpflichtungen sehr stark in Mitleidenschaft gezogen werden. Die Erfüllung ihrer Ansprüche würde unmöglich werden, sollte auch hier der bei der BGB.-Gesellschaft geltende, auf die internen Angelegenheiten beschränkte Auseinandersetzungsbegriff gelten. Daß die durch einen Tarifvertrag entstehenden Verpflichtungen einesteils durch die einzelnen Vereinsmitglieder gar nicht erfüllt werden können, und andernteils bei Wegfall der Organisation keine hinreichende Sicherheit für ihre Erfüllung mehr besteht, kann nicht zweifelhaft sein. Bei den obligatorischen Verpflichtungen (Friedenspflicht, Durchführungspflicht), welche immer Verpflichtungen der Tarifvertragsparteien, also der Verbände, sind, ist schon rein begrifflich die Erfüllung beim Wegfall der verpflichteten

Verbände ausgeschlossen. Bei ihrem Fehlen besteht aber auch keine Gewähr für die Einhaltung der normativen Bestimmungen. Bei Anwendung des für die Gesellschaft maßgebenden Auseinandersetzungsbegriffes mit lediglich interner Wirkung auf den nicht rechtsfähigen Verein würde mithin der Natur des nichtrechtsfähigen Vereins als eines auf gewisse Dauer berechneten (vom Wechsel seiner Mitglieder unabhängigen) korporativen Gebildes zu wenig Rechnung getragen. Denn als solcher geht der nicht rechtsfähige Verein (insbesondere der Berufsverein) Verpflichtungen ein, die durch die einzelnen Mitglieder nicht erfüllt werden können. Die Beschränkung der Liquidation des nicht rechtsfähigen Vereins auf rein interne Angelegenheiten würde daher dem Vertragsbruch die Wege ebnen. Zwar würden sich bei Auflösung vor Abwicklung dieser Verpflichtungen Schadenersatzansprüche wegen verschuldeter Unmöglichkeit der Leistung ergeben. Doch sind die Schadenersatzansprüche in diesen Fällen, wie noch später dargelegt wird, meistens schwer durchführbar und bieten keinen gleichwertigen Ersatz für den verursachten Schaden.

Die von der Gesellschaft stark abweichende Natur des nichtrechtsfähigen Vereins zwingt also auch auf dem Gebiete der Auseinandersetzung zu einer Auslegung des Gesetzes, die der Verschiedenheit Rechnung trägt. Im Interesse des Grundsatzes der Vertragstreue erscheint demnach bei der Auflösung eines nicht rechtsfähigen Vereins eine Auseinandersetzung geboten, die zum Teil ebenso weitgehende Wirkungen hat, wie die Liquidation beim rechtsfähigen Verein. Und zwar muß der Auseinandersetzung beim nicht rechtsfähigen Verein insoweit Außenwirkung zuerkannt werden, als Abwicklung sämtlicher Geschäfte im Wege der Auseinandersetzung erforderlich ist, welche infolge ihrer besonderen Natur nach der endgültigen Auflösung des Vereins durch die einzelnen Vereinsmitglieder nicht mehr erfüllt werden können.

Es sind also insbesondere auch laufende Tarifverträge in der Auseinandersetzung fristgerecht zu kündigen, und der Verein gilt bis zum Ablauf der Kündigungsfrist in Ansehung des Tarifvertrages als fortbestehend § 730, II BGB.

Dieser Auffassung läßt sich auch nicht der Wortlaut des § 730, I BGB. entgegenhalten, der bestimmt:

„Nach der Auflösung der Gesellschaft findet in Ansehung des

Gesellschaftsvermögens die Auseinandersetzung unter den Gesellschaftern statt."

Denn diese Vorschrift besagt lediglich, daß die unter den Gesellschaftern bei der Auflösung noch erforderlichen Rechtshandlungen im Wege der Auseinandersetzung vorgenommen werden sollen. Über das Schicksal der Ansprüche außenstehender Gläubiger trifft diese Vorschrift überhaupt keine Bestimmungen. Hierfür sind vielmehr allgemeine Grundsätze maßgebend. Soweit es sich um Ansprüche handelt, wegen deren sich die Gläubiger nach der Auflösung in unverändertem Umfang an die einzelnen Vereinsmitglieder halten können, besteht kein Grund zu ihrer Abwicklung in der Auseinandersetzung. Soweit aber, wie bei Tarifverträgen, Verpflichtungen bestehen, deren Erfüllung nach vollendeter Auflösung unmöglich wird, ergibt sich die Notwendigkeit der ordnungsmäßigen Abwicklung in der Auseinandersetzung aus dem allgemeinen Rechtsgrundsatz von Treu und Glauben und der Vertragstreue.

Es sei auch darauf hingewiesen, daß die hier vertretene Auffassung nicht den Beweggründen widerspricht, die den Gesetzgeber zur Unterstellung der nicht rechtsfähigen Vereine unter die anerkanntermaßen schlecht auf sie anwendbaren Gesellschaftsregeln [1]) führten. Es sollte den nicht rechtsfähigen Vereinen möglichst schwer gemacht werden, eine starke Stellung zu erringen und sie sollten durch die gesetzliche Schlechterstellung veranlaßt werden, durch ihre Eintragung im Vereinsregister die Rechtsfähigkeit zu erwerben und sich dadurch der staatlichen Aufsicht zu unterwerfen [2]). Würde jedoch den nichtrechtsfähigen Vereinen die Möglichkeit zustehen, sich durch Auflösung den Verpflichtungen aus bestehenden Verträgen mit sofortiger Wirkung zu entziehen, so wäre das von ihrem Standpunkt aus gesehen eine Besserstellung gegenüber den rechtsfähigen Vereinen. Den Motiven des Gesetzgebers würde das also nicht entsprechen.

In dem erwähnten Urteil vom 26. X. 1929 ist das Reichsarbeitsgericht aber auch noch aus zwei weiteren Gründen zur sofortigen Beendigung des Tarifvertrages mit dem Auflösungsbeschluß des

---

[1]) Siehe darüber neuerdings Stoll, in „Die Reichsgerichtspraxis im deutschen Rechtsleben" 2, 49 ff.

[2]) Vgl. Prot. d. Komm. f. d. 2. Les. d. Entw. d. BGB. S. 458: Wenn der Gesetzgeber den nichtrechtsfähigen Vereinen „die für sie nicht passende Rechtsform der Gesellschaft aufzwinge, so bewirke er, daß die Einsicht in die Notwendigkeit der Registrierung der Vereine sich immer mehr einbürgere".

nichtrechtsfähigen Vereins gekommen. Es lehnt in dem zur Entscheidung stehenden Falle die Einleitung eines Auseinandersetzungsverfahrens überhaupt ab, weil dieses das Vorhandensein von Vereinsvermögen zur Voraussetzung habe, und solches in dem betreffenden Falle nicht vorhanden gewesen sei (S. 7 d. Urt.). Diese Auffassung des Reichsarbeitsgerichts ist jedoch abzulehnen, da sich das Vorhandensein von Vereinsvermögen schon aus dem Bestehen des Tarifvertrages zur Zeit der Auflösung ergibt. Denn zum Vermögen gehören nicht nur Sachen und solche Rechte, die unmittelbar auf bares Vermögen gerichtet sind, sondern jegliche Rechte, insbesondere auch Forderungsrechte ohne unmittelbar greifbaren Geldwert [1]). Es gehören also auch die aus einem Tarifvertrag sich ergebenden obligatorischen Rechte und Pflichten zum Vermögen und rechtfertigen die Einleitung des Auseinandersetzungsverfahrens [2]). Endlich weist das RAG. die Fortsetzung eines Tarifvestrages im Stadium der Auseinandersetzung des einen Tarifverbandes mit dem Bemerken zurück, ein Tarifvertrag sei kein laufendes Geschäft im Sinne des § 730, II BGB. Eine Begründung dieses Satzes findet sich in dem RAG.-Urteil allerdings nicht. M. E. ist er auch nicht zutreffend. Denn zu den „schwebenden" Geschäften im Sinne des § 730 BGB. sind, da sich aus dem Gesetz nichts anderes ergibt, sämtliche noch unerledigten Geschäfte im Gegensatz zu den bereits abgewickelten zu rechnen. Es müssen demnach auch noch nicht abgelaufene Tarifverträge unter die Vorschrift des § 730, II BGB. fallen [3]). Für das Bestehenbleiben des Tarifvertrages bei Auflösung eines tarifbeteiligten nichtrechtsfähigen Berufsverbandes ist noch weiter geltend gemacht worden, daß in diesem Falle die tarifvertraglichen Rechte und Pflichten auf die einzelnen Mitglieder des Verbandes übergehen sollen [4]). Dieser Gedanke ist jedoch vom RAG. mit Recht zurückgewiesen worden. Er beruht auf der Auffassung, daß der Berufsverband beim Tarifabschluß lediglich als Vertreter der einzelnen Mitglieder anzusehen ist, und daher die Rechte und Pflichten aus dem Tarifvertrag unmittelbar in Person der einzelnen Mitglieder eintreten.

[1]) Siehe Enneccerus, Lehrb. Allg. T. S. 320; Lutz Richter, MatBl. f. Wirtsch. u. Soz. Pol. 1930, S. 148.

[2]) Vgl. Gros, in Kartenauskunftei d. ArbeitsR., „Berufsverein, Auflösung"; Nipperdey, BenshS. Bd. 8, Heft 1, S. 128 ff.; Lutz Richter, in MatBl. f. Wirtsch. u. Soz. Pol. 1929, S. 117.

[3]) Vgl. Nipperdey, wie oben; Gros, wie oben, Lutz Richter, MatBl. 1930, S. 148.

[4]) So Frielinghaus, in SchlW. 1922, S. 195.

(„Vertretungstheorie" im Gegensatz zur herrschenden „Verbandstheorie".) Demgegenüber wird mit Recht geltend gemacht, daß eine unmittelbare Verpflichtung der einzelnen Mitglieder durch den Tarifvertrag überhaupt nur insoweit erfolgen kann, als dem Tarifvertrag selbst verpflichtende Wirkung innewohnt. Eine solche Wirkung hat aber lediglich der obligatorische Teil und dieser begründet ausschließlich Verpflichtungen unter den Tarifvertragsparteien. Der normative Teil des Tarifvertrages berechtigt oder verpflichtet überhaupt niemanden, seine Bestimmungen treten vielmehr erst durch den Einzelarbeitsvertrag in Wirkung [1]). Sollten durch den Tarifvertrag unmittelbar die einzelnen Verbandsmitglieder verpflichtet werden, so würde ein Vertrag zu Lasten Dritter vorliegen und solche Verträge gibt es nach dem geltenden Recht nicht.

Eine andere Entscheidung läßt sich auch nicht aus dem Gesichtspunkt rechtfertigen, daß beim nicht rechtsfähigen Verein der tatsächliche Träger der Rechte und Pflichten die Gesamtheit der jeweiligen Mitglieder ist, danach also bei Auflösung des Verbandes nur die Organisation, nicht der tatsächliche Träger wegfällt. Denn die obligatorischen Verpflichtungen, insbesondere die Friedens- und die Durchführungspflicht, können nicht durch die einzelnen Arbeitgeber, bzw. Arbeitnehmer erfüllt werden, sondern setzen das Vorhandensein einer Organisation voraus [2]). Das Ergebnis der vorliegenden Unter-

---

1) Genthe, in NZfA. 1925, Sp. 85 ff.

2) Vgl. Hueck, in „Tarifrecht" S. 40 ff. und „Recht d. Tarifvertrages" S. 79 ff.; Neumann, Arbeitsrechtspraxis, 1929, S. 54; Nipperdey, Lehrb., Bd. II, S. 179, Anm. 48; Jacobi, Grundlehren, S. 218.

a. M. Lutz Richter in MatBl. 1930, S. 148/49. Lutz Richter stimmt zwar dem RAG. insoweit zu, als ein Übergang der tarifvertraglichen Rechte und Pflichten auf die einzelnen Mitglieder des Vereins abzulehnen sei, führt aber aus, eines solchen Überganges bedürfe es auch nicht, wenn die Rechte und Pflichten des nicht rechtsfähigen Vereins ohnehin schon Rechte und Pflichten der Mitglieder sind. Das seien sie aber, denn man könne nicht sagen, daß die Tarifparteistellung von den Mitgliedern nur in ihrer Eigenschaft als Mitglieder, nur in ihrer Verbundenheit als Vereinigung übernommen sei und mit Lösung der Vereinigung hinfällig werde. Der Tatbestand des gesamthänderischen Abschlusses des Tarifvertrages wirke fort, auch wenn die Vereinigung im übrigen sich auflöst. Dem muß entgegengehalten werden, daß ein Festhalten am Tarifvertrag nach dem Wegfall der Organisation eines der beteiligten Verbände keinen Sinn hat, weil, wie oben ausgeführt, eine dem Parteiwillen entsprechende Durchführung des Tarifvertrages nicht mehr möglich ist. Ob de lege ferenda eine Sondernorm wünschenswert ist, kraft deren nach Wegfall des Tarifvertrages die Aufrechterhaltung einzelner Bestimmungen desselben für eine gewisse Zeit

suchung ist also sowohl für den rechtsfähigen als auch für den nichtrechtsfähigen Berufsverein das gleiche und läßt sich dahin zusammenfassen:

Der Auflösungsbeschluß eines Berufsvereins läßt einen laufenden Tarifvertrag unberührt. Er bedeutet nicht die Auflösung des Berufsvereins, sondern lediglich die Kundgebung des Willens, die Auflösung herbeizuführen. Mit dem Auflösungsbeschluß tritt der rechtsfähige Berufsverein in das Liquidations-, der nichtrechtsfähige in das Auseinandersetzungsverfahren ein. Im Liquidations- bzw. Auseinandersetzungsstadium besteht der Berufsverein unter Beschränkung auf den Liquidationszweck fort. Zu den in der Liquidation bzw. Auseinandersetzung (nach §§ 49 bzw. 54 i. V. 730 BGB.) zu beendigenden „laufenden" bzw. „schwebenden" Geschäften gehören auch bestehende Tarifverträge. Ihre Beendigung hat durch fristgerechte Kündigung bzw. Ablauf der Geltungszeit bei fest befristeten Tarifverträgen zu erfolgen. Bis zu diesem Zeitpunkt besteht der Tarifvertrag in vollwirksamem Umfang weiter. Nach Ablauf dieser Zeit erlischt er.

Dann fällt auch die zwingende Wirkung des Tarifvertrages weg, und die Einzelarbeitsverträge können durch die Parteien geändert werden. Bis zur Neuregelung der Arbeitsbedingungen laufen die Einzelarbeitsverträge mit ihrem bisherigen Inhalt weiter, da die Tarifnormen kraft der unmittelbaren Wirkung Inhalt der Arbeitsverträge geworden sind [1]).

War der Tarifvertrag für allgemeinverbindlich erklärt, so bedeutet das lediglich die Ausdehnung des Kreises der am normativen Teil

auf Grund besonderer gesetzlicher Vorschrift Platz greifen soll, wird weiter unten zu erörtern sein. Aufrechterhaltung des Tarifvertrages hat jedenfalls nur solange Zweck, als auch Bestehenbleiben der Organisation in Liquidation bzw. Auseinandersetzung nach geltendem Recht zu fordern ist.

[1]) Bestritten! Siehe darüber Nipperdey, Lehrbuch Bd. II, S. 200 ff. mit Literaturangabe. Nach der Gegenmeinung sollen bei Wegfall des Tarifvertrages die durch die Unabdingbarkeit vorher ausgeschalteten Bedingungen des Einzelvertrages wirksam werden oder die allgemeinen Regeln des BGB. Platz greifen.

Tarifbeteiligten auf die Außenseiter. Die Tarifparteien behalten aber in vollem Umfang die Herrschaft über den Tarifvertrag; es werden durch die Allgemeinverbindlicherklärung nicht etwa selbständige materielle Rechtssätze erlassen. Die Frage des Wegfalls der zwingenden Wirkung der Tarifnormen bei Auflösung eines Verbandes für die Außenseiter ist also ebenso zu beantworten wie für die Mitglieder des Tarifverbandes. Auch beim allgemeinverbindlichen Tarifvertrag hört die zwingende Wirkung für alle den Tarifnormen Unterworfenen mit Beendigung des Tarifvertrages, bei Auflösung eines Berufsvereins also nach Erfüllung der Kündigungsbedingungen in der Liquidation bzw. Auseinandersetzung, auf. (Vertragstheorie) [1]).

Die Festhaltung der sich auflösenden Vereinigung an das Tarifverhältnis bis zu dessen vertragsmäßigem Ablauf stellt auch nicht etwa einen Verstoß gegen die in Art. 159 RV. gewährleistete Koalitionsfreiheit dar. Zwar ist das Vorliegen eines Organisationszwanges zu bejahen, da ja gerade die Organisation der Vereinigung aufrechterhalten werden muß, um eine ordnungsmäßige Beendigung des Tarifvertrages zu sichern [2]). Jedoch ist der Organisationszwang in dem dargelegten Umfang nicht rechtswidrig, denn die Parteien sollen ja bis zum Ablauf der von ihnen vereinbarten Kündigungs- bzw. sonstigen Ablauffrist gebunden bleiben. Nur der vertragsmäßige Ablauf des Tarifvertrages soll gesichert werden. Rechtswidrigkeit der Bindung könnte nur vorliegen, falls die Fristen so lang bemessen sind, daß *in ihrer Dauer* ein Verstoß gegen die guten Sitten vorliegen würde. Die Festhaltung an normale Kündigungsfristen ist jedoch niemals eine rechtswidrige Bindung [3]).

---

[1]) Bestritten! Vgl. die überzeugende Begründung der Vertragstheorie bei Nipperdey, Lehrbuch, Bd. II, § 26. Daselbst auch Literaturangabe betr. die Streitfrage. Die Gegenmeinung vertritt den Standpunkt der „Gesetzestheorie". Danach sollen die Arbeitsbedingungen nach der einen Auffassung für die Mitglieder *und* Außenseiter kraft Rechtsverordnung so lange gelten, bis der Reichsarbeitsminister die Allgemeinverbindlichkeit aufgehoben hat. Nach einer vermittelnden Meinung (Örtmann) sollen die Tarifnormen für die Mitglieder kraft Tarifvertrages, für die Außenseiter kraft Allgemeinverbindlicherklärung gelten. Danach könnte der Beendigungszeitpunkt der zwingenden Wirkung für Mitglieder und Außenseiter auseinanderfallen, da die Aufhebung des Tarifvertrages nur die Stellung der Mitglieder berührt, hinsichtlich der Außenseiter jedoch die ausdrückliche Aufhebung der Allgemeinverbindlichkeit erforderlich ist.

[2]) a. M. *Lutz Richter*, MatBl. 1929, S. 119.

[3]) Vgl. *Lutz Richter*, a. a. O., S. 119; *Nipperdey*, Die Grundrechte und Grundpflichten der RV., III. Bd., S. 425.

Tarifbruch durch Selbstauflösung eines Berufsverbandes.

Es wird im folgenden zu untersuchen sein, ob in der Selbstauflösung eines Berufsvereins vor Beendigung des Tarifvertrages eine Verletzung der obligatorischen Verpflichtungen aus dem Tarifvertrag liegt, und sich demnach die Rechte aus Tarifbruch für den tariftreuen Teil ergeben.

Zur unbedingten Bejahung der Frage führt die Auffassung, nach der schon der Auflösungs b e s c h l u ß die sofortige Beendigung des Tarifvertrages zur Folge hat. Denn nach dieser Auffassung entzieht sich der Berufsverein den Vertragspflichten in rechtswidriger Weise, indem er schuldhaft die Unmöglichkeit der Erfüllung herbeiführt. Daher wird von den Anhängern dieser Meinung zum Teil eine Verletzung der Friedenspflicht, zum Teil die Verletzung der Durchführungspflicht oder auch beider Verpflichtungen angenommen [1]).

Auf Grund der hier vertretenen Auffassung, daß im Liquidationsbzw. Auseinandersetzungsverfahren des sich auflösenden Berufsverbandes der laufende Tarifvertrag ordnungsmäßig durch Kündigung zu beendigen ist, erscheint die Annahme einer Verletzung der obligatorischen Verpflichtungen nicht ohne weiteres gerechtfertigt. Denn die Fassung des Auflösungsbeschlusses für sich allein bedeutet nicht schon auf jeden Fall einen Tarifbruch. Die tarifvertraglichen Verpflichtungen werden durch ihn nicht beseitigt oder verändert. Überhaupt sind die einzelnen Mitglieder des Berufsvereins nicht fähig, einen Tarifbruch zu begehen. Denn als Gegenstand eines Tarifbruchs kommt nur der obligatorische Teil in Betracht, da der normative Teil unmittelbar keine Rechte und Pflichten erzeugt. Der obligatorische Teil begründet aber nur Verpflichtungen für die Vertragsparteien, kann also von den einzelnen Mitgliedern der Verbände auch nicht verletzt werden [2]).

Im einzelnen sind die obligatorischen Verpflichtungen entweder auf ein bestimmtes Verhalten des Verbandes als solchen oder auf die Einwirkung des Verbandes auf seine Mitglieder zum Zwecke der Vermeidung eines tarifwidrigen Verhaltens ihrerseits gerichtet. Das tarifwidrige Verhalten des Einzelnen bedeutet einen Verstoß gegen

---

[1]) Vgl. H u e c k, Tarifvertrag, S. 80; TarifR. S. 41, 42; J a c o b i, Grundlehren, S. 218/19; G e n t h e, NZfA. 1925, Sp. 87/8; N e u m a n n, Arbeitsrechtspraxis, 1929, S. 54.

[2]) Vgl. hierzu K a s k e l, Zur Lehre vom Tarifbruch, in NZfA. 1922, Sp. 397 ff.

seine Mitgliedspflichten seinem Verbande gegenüber, nicht aber einen Tarifbruch. Bei der Fassung des Auflösungsbeschlusses handelt es sich nun im allgemeinen nicht um ein Verhalten des Verbandes als solchen, sondern um die Willensäußerung der einzelnen Mitglieder. Daher kommt hier ein Tarifbruch lediglich unter dem Gesichtspunkt der Unterlassung der dem Berufsverein obliegenden Einwirkungspflicht auf seine Mitglieder zum Zwecke der Sicherung eines tarifgemäßen Verhaltens ihrerseits in Betracht. Da aber der Tarifvertrag bei der Auflösung in der Liquidation bzw. Auseinandersetzung ordnungsmäßig zu beendigen ist, stellt der Auflösungsbeschluß kein tarifwidriges Verhalten der Mitglieder dar, und demnach besteht auch keine Einwirkungspflicht des Verbandes auf Unterlassung der Auflösung.

Anders ist allerdings der Fall zu beurteilen, wenn die Auflösung lediglich zum Zwecke der Tarifbeseitigung beschlossen wird, dem Auflösungsbeschluß also als einziges oder wenigstens hauptsächlichstes Motiv eine tarifwidrige Absicht zugrunde liegt. Es ließe sich dann eine Verletzung der Einwirkungspflicht des Verbandes vertreten, da sich ja ein solcher Beschluß auch niemals ohne Wissen des Verbandes vorbereitet, vielfach sogar unter Führung der Verbandsleitung zustande kommt. Möglicherweise kann aber auch in diesem Falle in dem Auflösungsbeschluß nicht ein tarifwidriges Massenverhalten der einzelnen Mitglieder, sondern eine tarifwidrige Rechtshandlung der Mitgliederversammlung als solcher liegen. Die Mitgliederversammlung als verfassungsmäßiges Verbandsorgan ist aber im Gegensatz zu den einzelnen Mitgliedern wohl fähig einen Tarifbruch zu begehen. Zwar hat auch hier die Beendigung des Tarifvertrages im Wege der Liquidation bzw. Auseinandersetzung zu erfolgen, doch liegt in diesen krassen Fällen schon in dem Auflösungsbeschluß eine Verletzung der Friedenspflicht [1]), und der Gegenpartei stehen alle Rechte aus Tarifbruch zu (vgl. unten).

In sehr starkem Maße besteht ferner die Gefahr eines Tarifbruchs im Stadium der Liquidation bzw. Auseinandersetzung. Schon beim Fehlen jeglicher tarifwidriger Absicht ist hier die ordnungsmäßige Durchführung eines Tarifvertrages sehr erschwert. Denn das Interesse für die sorgfältige Einhaltung aller Verpflichtungen sinkt in der Regel angesichts der bevorstehenden endgültigen Lösung sämtlicher Vertragsbeziehungen. Auch hat die Fortsetzung eines Tarifverhältnisses

---

[1]) Kaskel, Zur Lehre vom Tarifbruch NZfA. 1922, Sp. 413.

im Liquidationsstadium während lang bemessener Kündigungsfristen den Charakter eines unnatürlichen Zwanges. Zudem fehlt in den Fällen, in denen nicht der bisherige Vorstand, sondern außenstehende Personen zu Liquidatoren bestellt werden meistenteils die nötige Kenntnis der im Spiele stehenden Interessen und Schwierigkeiten des einzelnen Falles. Endlich finden die Liquidatoren in dem nur beschränkt bestehenden Verbande nicht den gleichen Rückhalt bei der Abwicklung der schwebenden Geschäfte, auf den sich der Vorstand des Verbandes vor der Auflösung stützen konnte. Denn die Organisation des Verbandes wird in der Regel nicht unverändert fortbestehen, sondern sich nur in dem für die Liquidationszwecke dringend notwendigem Umfange aufrecht erhalten lassen. Gerade eine Schwächung der Organisation muß sich aber für die Erfüllung der obligatorischen Verpflichtungen — wie Friedens- und Durchführungspflicht — sehr nachteilig geltend machen, insbesondere soweit eine Einflußnahme auf die einzelnen Mitglieder erforderlich ist.

Wenn aber der Tarifvertrag dem Verbande schon ohnehin lästig war, so besteht, ganz abgesehen von den erwähnten Fällen, wo der Auflösungsbeschluß schon in tarifwidriger Absicht ergeht, in der Liquidation sehr leicht die Möglichkeit, die Fortsetzung des Tarifvertrages zu verhindern. Das geschieht entweder durch Auflösung der Organisation in einem Maße, daß die ordnungsmäßige Durchführung des Vertrages ausgeschlossen wird, oder aber dadurch, daß die Liquidatoren die Liquidation ohne Rücksicht auf den noch laufenden Tarifvertrag tatsächlich vorzeitig abschließen [1]). Ein wirksames Mittel, um das zu verhindern, besteht, wie noch näher auszuführen sein wird, nach dem geltenden Recht nicht. Denn es ist nicht möglich die Organisation eines Berufsverbandes zwangsweise aufrechtzuerhalten. Durch die Bestellung von Liquidatoren ist hier auch nicht geholfen, da diese für sich allein nicht in der Lage sind, den Tarifvertrag aufrechtzuerhalten.

Endlich kann es vor allem bei Arbeitgeberverbänden mit nicht sehr großer Mitgliederzahl vorkommen, daß der Wegfall des Verbandes überhaupt nicht durch förmliche Handlung im Wege des Auflösungsbeschlusses mit nachfolgender Liquidation sondern durch den einzelnen Austritt sämtlicher Mitglieder erfolgt [2]). In allen aufgeführten

---

[1]) Vgl. Kandeler in „Der Kaufmann in Wirtschaft u. Recht" 1926, S. 396.

[2]) Siehe Hessel, NZfA. 1930, Heft 7, 8.

Fällen liegt Tarifbruch vor, und zwar kann zugleich eine Verletzung der Friedenspflicht und der Durchführungspflicht gegeben sein. Der tariftreuen Partei stehen mithin sämtliche aus Tarifbruch sich ergebenden Rechte zu. Doch bereitet die Durchführung dieser Rechte in den zur Erörterung stehenden Tatbeständen erhebliche Schwierigkeiten. Daher wird es einer genauen Prüfung bedürfen:

Wer zur Geltendmachung von Rechten aus dem Tarifbruch befugt ist (I),

gegen wen sich die Ansprüche zu richten haben (II),

welche Rechte sich im einzelnen für die Gegenseite aus dem Tarifbruch ergeben (III),

ob die bei Tarifbruch zur Anwendung kommenden Vorschriften der Gegenseite hinreichenden Rechtsschutz sichern (IV).

I. Die Rechte aus dem Tarifbruch stehen, wie bei jedem Vertragsbruch, dem Verletzten zu. Verletzter ist jeder, dem ein Erfüllungsanspruch zustand: beim Tarifbruch ist es also auf jeden Fall der vertragstreue Verband. Es fragt sich aber, ob außerdem auch den einzelnen Mitgliedern des tariftreuen Berufsvereins eigene Ansprüche aus dem Tarifbruche erwachsen können. Das ist in beschränktem Umfange zu bejahen. Denn der Tarifvertrag wird im Interesse der einzelnen Mitglieder abgeschlossen, und die Rechte aus dem obligatorischen Teil des Tarifvertrages werden daher durch die Verbände als Vertrag zugunsten Dritter für ihre Mitglieder begründet [1]). Ein eigener Anspruch auf die Leistung der Gegenpartei und somit auch ein eigener Anspruch bei Verletzung dieses Rechtes erwächst den einzelnen Mitgliedern jedoch nur, soweit es sich um einen echten Vertrag zugunsten Dritter handelt. § 328, 1 BGB. Ob im Einzelfall ein eigenes Recht des einzelnen Mitgliedes verletzt worden ist, ergibt sich aus den Umständen. Auch durch Verletzung der Friedens- und der Durchführungspflicht kann ein Verstoß gegen Rechte der einzelnen Mitglieder begangen werden. Soweit diese Voraussetzungen vorliegen, sind demnach auch die einzelnen Mitglieder zur Geltendmachung der aus Verletzung ihres Erfüllungsrechtes sich ergebenden Ansprüche befugt [2]).

---

[1]) Siehe Nipperdey, Lehrb. II, S. 289 mit Lit.-Ang.

[2]) Vgl. RGZ. 73, 92; Kandeler, „Kaufmann in Wirtschaft u. Recht" 1926, S. 396; Kaskel, Zur Lehre vom Tarifbruch NZfA. 1922, Sp. 477 ff.; Hueck, Die Haftung aus Tarifverträgen nach geltendem Recht in NZfA 1921, Sp. 386/7.

II. Für die Frage, gegen wen die Ansprüche zu richten sind, ist zu unterscheiden, ob der Verein bereits endgültig untergegangen ist oder sich noch im Liquidations- bzw. Auseinandersetzungsstadium befindet. Im letzteren Falle sind die Ansprüche gegen den Verband in Liquidation zu richten. Das wird vor allem dann möglich sein, wenn der Tarifbruch in dem oben erwähnten Sinne schon durch den Auflösungs beschluß begangen wird. Die Haftung ergibt sich dann aus § 276 BGB., da es sich um eine schuldhafte Vertragsverletzung, begangen durch ein willensbildendes Organ (Mitgliederversammlung) also durch den Berufsverein selbst, handelt.

Hat jedoch eine Liquidation überhaupt nicht stattgefunden, oder ist sie in rechtswidriger Weise vor Abwicklung des Tarifvertrages abgeschlossen worden, so besteht diese Möglichkeit nicht mehr. Denn der verpflichtete Verband ist ja dann endgültig weggefallen. Gegen die einzelnen Mitglieder des tarifbrüchigen Verbandes können die Ansprüche auch nicht ohne weiteres gerichtet werden, da diese nicht Partei des verletzten Vertrages waren. Bei rechtsfähigen Vereinen kommt demnach nur die persönliche Haftung der Liquidatoren nach § 53 BGB. in Betracht, soweit der Tarifbruch auf Verletzung ihrer Verpflichtungen zurückzuführen ist. Erforderlich ist dann auch noch der Nachweis des Verschuldens.

Bei nichtrechtsfähigen Vereinen ist zwar eine persönliche, gesamtschuldnerische Haftung sämtlicher Vereinsmitglieder gegeben, doch ist diese soweit nicht ausdrücklich, so stillschweigend nach den Umständen auf das Vereinsvermögen beschränkt anzusehen, wenn die Beschränkung für die Gegenpartei erkennbar war[1]). Nun besteht aber noch die Schwierigkeit, daß nach Beendigung der Auseinandersetzung und damit Wegfall des Vereins ein Vereinsvermögen nicht mehr vorhanden ist. Die herrschende Meinung nimmt jedoch in den Fällen der Beendigung der Auseinandersetzung vor endgültiger Berichtigung der Verbindlichkeiten mit Recht die Fortdauer der Haftung der Vereinsmitglieder mit ihrem Auseinandersetzungsguthaben aus dem Gesichtspunkt der ungerechtfertigten Bereicherung an [2]). Weiter haften beim nicht rechtsfähigen Verein nach § 54, S. 2 BGB. diejenigen Vereinsmitglieder, die die Auseinandersetzung geleitet haben [3]). Bei Arbeitgeberverbänden, wo der Vorstand in der Regel aus zahlungs-

[1]) H. L. s. Ortmann, Allg. T., 3. Aufl., Anm. 3 zu § 54.
[2]) RGRK. zu § 735 Anm. 1, a. E.
[3]) Kandeler, Kaufmann in Wirtsch. u. Recht, 1926, S. 396.

fähigen Leuten besteht, ist die Haftung aus § 54 BGB. nicht ohne praktische Bedeutung. Allerdings findet die Vorschrift nur auf nichtrechtsfähige Arbeitgeberverbände Anwendung.

III. Für die Rechtsfolgen eines Tarifbruches sind die §§ 320 ff. BGB. maßgebend. Denn der verpflichtende Teil des Tarifvertrages, dessen Verletzung den Tarifbruch bildet, hat die Rechtsnatur eines schuldrechtlichen gegenseitigen Vertrages. Diese Vorschriften enthalten verschiedene Rechte für den vertragstreuen Teil, vor allem das Rücktrittsrecht und den Schadensersatzanspruch. In erster Linie dürfte aber bei der Auflösung dem anderen Verbande daran gelegen sein, den Wegfall des Tarifvertrages zu hindern. Um zu diesem Ergebnis zu gelangen, wird von einigen Autoren eine Unterlassungsklage für den tariftreuen Teil gegen die Selbstauflösung der Gegenseite vertreten [1]).

Sinzheimer a. a. O. hält die Berufsverbände, soweit sie Parteien eines Tarifvertrages sind, für verpflichtet, während seiner Dauer ihre Selbstauflösung ohne Zustimmung der übrigen Vertragsparteien zu unterlassen. Denn mit dem Abschlusse des Tarifvertrages gehe der Verband ein Verhältnis ein, das einen bestimmten Bestand der Tarifparteien zur Voraussetzung habe. Dabei beruft sich Sinzheimer auf die Ausführungen von Gierke [2]), wonach es Rechte auf Fortbestand eines sozialen Körpers gibt.

Die Berechtigung dieser Erwägungen ist grundsätzlich anzuerkennen, wenn sie auch zu weit gefaßt sind. Denn zur Unterlassung der Auflösung ist ein Berufsverband eben nur insofern verpflichtet, als dadurch eine vertragswidrige Beendigung der Tarifvereinbarung herbeigeführt wird. Wenn der Tarifvertrag im Liquidations- bzw. Auseinandersetzungsverfahren ordnungsmäßig beendigt wird, so ist gegen die Auflösung rechtlich nichts einzuwenden. Nur wenn die Aufrechterhaltung des Verbandes im Hinblick auf die vertragsgemäße Tarifbeendigung erforderlich ist, stellt sie auch nicht einen rechtswidrigen Organisationszwang dar. Soweit sie sich nicht vollkommen aus diesem Gesichtspunkt rechtfertigt, hätte die Unterlassungsklage mit Rücksicht auf Art. 159 RV. keine Aussicht auf Erfolg. Für die anderen Fälle ist aber durch die Anerkennung der Pflicht zur Unterlassung der Auflösung praktisch noch nichts gewonnen. Denn die Schwierig-

---

[1]) Jacobi, Grundlehren, S. 218, 219; Sinzheimer, Arbeitstarifgesetz, S. 77/8.

[2]) O. Gierke, Die Genossenschaftstheorie u. d. deutsche Rechtspr., S. 850/51.

keit besteht in der Durchführung des Unterlassungsanspruchs[1]. Zunächst ist es schon rein begrifflich ausgeschlossen, etwas zu unterlassen, was bereits geschehen ist. Daher hätte eine Unterlassungsklage gar keinen Sinn, wenn der Auflösungsbeschluß bereits ergangen ist. Denn dann tritt der Verband kraft Gesetzes in das Liquidationsstadium, und eine Rücknahme des Auflösungsbeschlusses ist nicht möglich. Es käme nur eine Klage auf Wiederbegründung in Frage. Das zwangsmäßige Wiederaufleben des Vereins könnte aber auf dem Vollstreckungswege nicht durchgesetzt werden. Wie die im Gesetz ausdrücklich geregelten Beispiele der Unterlassungsklage zeigen, ist sie nur für solche Fälle gedacht und praktisch sinnvoll, in denen bereits Beeinträchtigungen fremder Rechte stattgefunden haben, und noch weitere Beeinträchtigungen zu besorgen sind (vgl. §§ 862, 1004 BGB.). Gegen diese richtet sich die Klage. Vor Ergehen des Auflösungsbeschlusses liegt jedoch in der Regel kein Grund zur Unterlassungsklage vor. Denkbar sind zwar auch Fälle, in denen schon vor dem Auflösungsbeschluß eine Unterlassungsklage an sich begründet wäre, da die Absicht, den Tarifvertrag durch Selbstauflösung zu beseitigen, schon vorher deutlich erkennbar wird, und auch hinreichende Wahrscheinlichkeit für das Zustandekommen der erforderlichen Mehrheit gegeben ist. Jedoch auch dann wäre die Unterlassungsklage nicht das geeignete Mittel, die Auflösung zu verhindern, da sich dadurch an der Wirksamkeit eines trotzdem ergehenden Auflösungsbeschlusses nichts ändern würde[2].

Endlich gibt noch § 320 BGB. beim gegenseitigen Vertrag ein Mittel, auf die Bewirkung der Gegenleistung durch Verweigerung der eigenen Leistung hinzuwirken. Auf diesem Weg läßt sich aber die Tariferfüllung von dem tarifbrüchigen Verbande auch nicht herbeiführen. Denn bei tarifwidriger Selbstauflösung ist der wegfallende Verband offenbar auch zur Aufgabe der eigenen Rechte aus dem Tarifvertrage entschlossen.

Es zeigt sich also, daß keine Möglichkeit besteht, einen Tarifvertrag zwangsweise aufrechtzuerhalten, wenn die Gegenpartei entschlossen ist, ihn durch Tarifbruch zu beseitigen.

Die Rechte des vertragstreuen Teiles beschränken sich also auf das Rücktrittsrecht und den Schadenersatzanspruch. Das Rücktritts-

---

[1]) Über diesen Punkt finden sich, soweit ersichtlich, bei den Vertretern eines Rechtes auf Nichtauflösung von Verbänden nirgends nähere Erörterungen.

[2]) Vgl. Potthoff in ArbR. 1930, Sp. 219 ff.

recht gründet sich entweder auf Leistungsverzug (§ 326 BGB.) oder auf positive Forderungsverletzung. Jedoch kommt diesem Rechte hier keine große Bedeutung zu, da die Beendigung des Tarifvertrages dem Interesse des tariftreuen Teiles gerade widerspricht.

Es bleibt also nur der Anspruch auf Schadensersatz wegen Nichterfüllung. Er ergibt sich bei Verletzung einer Handlungspflicht aus § 326 BGB. und bei Verletzung einer Unterlassungspflicht aus den Regeln über die positive Forderungsverletzung (§ 276 BGB.). Grundsätzlich ist der gesamte entstandene Schaden zu ersetzen, und zwar sowohl der, den der tariftreue Verband, als auch der, den die einzelnen Mitglieder erleiden. Doch führt der Schadensersatzanspruch in den meisten Fällen nicht zur vollen Entschädigung der vertragstreuen Seite, da die Durchführung aus rechtlichen und tatsächlichen Gründen sehr erschwert ist.

Das schädigende Ereignis ist der Angriff auf den Bestand des Tarifvertrages. Ist dieses auf das Verhalten der Mitglieder zurückzuführen, so wird, da zwischen der Vertragsverletzung und dem eingetretenen Schaden adäquater Kausalzusammenhang vorliegen muß, dem in Anspruch genommenen Verband in den meisten Fällen die Verletzung seiner Einwirkungspflicht gegenüber seinen Mitgliedern nachgewiesen werden müssen. Dieser Nachweis ist mit erheblichen Schwierigkeiten verbunden, da der Richter nachträglich schwer entscheiden kann, ob Einwirkungen in hinreichendem Maße stattgefunden haben, und ob der schädigende Umstand auch trotz der (unterlassenen) ordnungsmäßigen Einwirkung nicht zu verhindern gewesen wäre [1]). Vor allem kann aber der die einzelnen Mitglieder treffende Schaden, der darin besteht, daß infolge des Wegfalls des Tarifvertrages die Unabdingbarkeit aufhört und damit die Möglichkeit der Verschlechterung der einzelnen Arbeitsverträge gegeben ist, überhaupt nicht eingeklagt werden. Denn es entsteht dadurch unmittelbar kein Vermögensschaden, und die Ersetzung ideellen Schadens findet nur in den vom Gesetz ausdrücklich geregelten Fällen statt (§§ 847, 1300 BGB.). Auch der Schaden, den der Berufsverein bei Erlöschen des Tarifvertrages infolge Auflösung der Gegenpartei erleidet, ist hauptsächlich ideeller und politischer Natur [2]). Er liegt in erster Linie im Schwinden des Vertrauens der einzelnen Mitglieder und im Sinken

---

[1]) Vgl. Nipperdey, Lehrb. II, S. 303, Anm. 27.

[2]) Vgl. Gros in Kartenauskunftei, „Berufsverein, Auflösung"; Finke, a. a. O., S. 79/80.

des Ansehens des Verbandes im allgemeinen. Die Beschränkung des Schadensersatzes auf den Vermögensschaden mindert mithin den Schadenersatzanspruch bei den Tarifbrüchen der hier erörterten Art fast auf eine nur in der Theorie gegebene Möglichkeit herab.

Insoweit aber Vermögensschaden entsteht (etwa durch Mitgliederverlust) entstehen hinsichtlich der Höhe des Schadens große Berechnungsschwierigkeiten, da der Schaden gewöhnlich erst allmählich anwächst und nur durch Schätzung festgestellt werden kann [1]) [2]).

Ebenso ist die Rechtslage, wenn ein Schadenersatzanspruch nach § 826 BGB. geltend gemacht wird mit Rücksicht darauf, daß in einem Tarifbruch auch ein Verstoß gegen die guten Sitten liegen kann [3]).

Zu erwähnen ist noch, daß der tariftreue Verband auf Grund des Schadensersatzanspruches nach § 249 BGB. berechtigt ist, Naturalrestitution zu verlangen, d. h. Wiederherstellung des Zustandes, der bestehen würde, wenn der zum Ersatze verpflichtende Umstand nicht eingetreten wäre. Danach wäre, wenn der schädigende Umstand im Auflösungsbeschluß liegt, dieser „als ungeschehen zu betrachten“ [4]). Praktischen Wert hat dieser Anspruch aber aus denselben Gründen nicht, wie die oben behandelte Wiederherstellungsklage, da keine Möglichkeit zur Verwirklichung gegen den Willen des tarifbrüchigen Teiles gegeben ist. Denn zwangsweise läßt sich die Organisation des Verbandes, die zur Durchführung des Tarifvertrages erforderlich ist, weder aufrechterhalten, noch wieder begründen.

Die arbeitsrechtlichen Folgen der Auflösung eines Berufsvereins vor Ablauf eines Tarifvertrages lassen sich also dahin zusammenfassen:

Grundsätzlich ist der Auflösungsbeschluß eines Berufsvereins kein Beendigungsgrund für laufende Tarifverträge. Diese sind vielmehr in dem Liquidations- bzw. Auseinander-

---

[1]) Siehe auch Kandeler, in „Kaufman nin Wirtsch. u. Recht“, S. 326, 396/97.

[2]) Mit Rücksicht auf diese praktischen Schwierigkeiten ist auch die Frage erörtert worden, ob es nicht zweckmäßiger wäre, de lege ferenda an Stelle der Schadenersatzpflicht eine fest begrenzte Buße zu setzen. Vgl. darüber Nipperdey, Gutachten z. 34. DJT. 1, 420 ff.; Beiträge, S. 173; Sinzheimer, Arbeitstarifgesetz, S. 157 ff.

[3]) Vgl. Kaskel, in NZfA. 1922, 486; a. M. Nipperdey, Lehrb. II, S. 301, Anm. 17.

[4]) Siehe Gros, Kartenauskunftei „Berufsverein, Auflösung“.

setzungsverfahren des Verbandes fristgerecht abzuwickeln. Erfolgt jedoch die Auflösung in tarifwidriger Absicht, so besteht keine Möglichkeit, um zu verhindern, daß ein Berufsverein seinen endgültigen Untergang vor der ordnungsmäßigen Beendigung des Tarifvertrages in rechtswidriger Weise herbeiführt und dadurch den Tarifvertrag hinfällig macht. Denn die Organisation eines Berufsvereins läßt sich weder zwangsmäßig aufrechterhalten, noch durch Bestellung von Liquidatoren ersetzen. In diesem Falle liegt Vertragsbruch vor, und für den tariftreuen Teil ergeben sich die gewöhnlichen Rechte aus Tarifbruch, insbesondere Schadenersatzansprüche. Jedoch gewähren diese Rechte in der Regel keinen ausreichenden Ersatz für den Wegfall des Tarifvertrages.

Vorschlag de lege ferenda.

Es hat sich mithin gezeigt, daß die Rechtsordnung keinen hinreichenden Schutz gegen die Beseitigung von Tarifverträgen durch rechtswidrige Selbstauflösung gewährt. Daher wäre eine Ergänzungsregelung de lege ferenda wünschenswert.

Der Grund zum unbefriedigenden Rechtszustand de lege lata liegt darin, daß

einerseits der Tarifvertrag infolge seiner Einordnung unter die Rechtsform des Schuldverhältnisses vom Bestehen der Tarifparteien abhängig ist,

andererseits aber keine rechtliche Möglichkeit vorhanden ist, den Fortfall der Tarifparteien vor rechtmäßiger Beendigung des Tarifvertrages wirksam zu verhindern oder den erfolgten Wegfall der Verbandsorganisation durch Bestellung von Liquidatoren gleichwertig zu ersetzen.

Eine völlige Loslösung des Tarifvertrages von seinen Vertragsparteien ist jedoch nicht möglich, da der obligatorische Teil in der Tat ein reiner Schuldvertrag ist. Der obligatorische Teil muß daher immer mit dem Untergang einer Vertragspartei wegfallen. Wohl besteht aber die Möglichkeit, den normativen Teil noch über die Beendigung des obligatorischen Teiles hinaus durch Sondernorm auf gewisse Zeit aufrecht zu erhalten[1]). Das widerspricht auch nicht seiner Natur als autonome Rechtsquelle. Zwar ist zuzugeben, daß diese Lösung des Problems keine vollständige ist, da nur ein Torso des Tarifvertrages bestehen bleibt. Praktisch ist aber damit schon viel geholfen. Denn der normative Teil ist der wichtigere und zugleich der lästigere. Behält dieser auf die Zeit der normalen Kündigungsfrist in jedem Falle seine Geltung, so wird damit der Anreiz zur vorzeitigen Beendigung des Vertrages in seinem übrigen Teil (unter Begründung von Schadenersatzpflichten) stark gemindert. Somit hätte die Erhaltung des Teiles die Wirkung, zu der Erhaltung des Ganzen beizutragen.

Meines Erachtens wäre es daher zweckmäßig den derzeitigen Rechtszustand, daß grundsätzlich bei Auflösung der Tarifvertrag in der Liquidation, bzw. Auseinandersetzung des Verbandes zu beenden ist, durch eine dahingehende Bestimmung zu ergänzen, daß bei Unterbleiben der Abwicklung des Tarifvertrages vor dem endgültigen Wegfall eines Verbandes die normativen Bestimmungen des Tarifvertrages solange in Kraft bleiben, wie wenn die Kündigung des Tarifvertrages im Augenblick des Wegfalls des Berufsvereins erfolgt wäre.

Der Kreis der Personen, auf die diese Bestimmung Anwendung finden würde, ergäbe sich wie beim Bestehen des gesamten Tarifvertrages aus § I, II TVO.

---

[1]) Vgl. Potthoff, ArbR. 1930, Sp. 220ff.; s. dazu auch Hessel, NZfA. 1930, Heft 7/8.

II. Abschnitt.

Die Fusion von Berufsvereinen und ihre Folgen für laufende Tarifverträge.

Die arbeitsrechtlichen Probleme, die sich bei der Fusion von Berufsvereinen für den laufenden Tarifvertrag ergeben, stehen in unmittelbarem Zusammenhang mit denen, die bei Auflösung eines Berufsvereins zu erörtern waren. Es handelt sich im Grunde nur um eine Weiterentwicklung derselben Fragen und darum, ob einzelne bei der Auflösung für die Parteien sich ergebenden ungünstigen Ergebnisse bei der Fusion vermieden werden können. Das zeigt sich bei der Untersuchung der rechtlichen Vorgänge, die sich bei der Fusion von Berufsvereinen abspielen.

Weder für den rechtsfähigen noch für den nichtrechtsfähigen Verein und die Gesellschaft enthält das Gesetz besondere Vorschriften, die ihre Verschmelzung regeln, wie man es z. B. im HGB. § 305 ff. für die Aktiengesellschaft findet. Daher muß die Fusion von Berufsvereinen immer auf dem Umweg über die Auflösung erfolgen. Der Fusionsbeschluß ist also immer zugleich Auflösungsbeschluß [1]). Im einzelnen kann die Fusion entweder in der Weise erfolgen, daß der eine Berufsverein sich auflöst und seine Mitglieder dem anderen Berufsverein beitreten, oder so, daß sich beide (oder mehrere) Verbände auflösen und zu einem neuen Verband zusammenschließen. Immer treten jedoch die normalen Rechtsfolgen des Auflösungsbeschlusses ein, d. h. jeder sich auflösende Verband tritt in das Stadium der Liquidation bzw. Auseinandersetzung.

Was nun das Schicksal eines laufenden Tarifvertrages anbetrifft, so besteht keinerlei Schwierigkeit, wenn nur der aufnehmende Verband Tarifpartei ist, nicht aber der sich auflösende. Denn dann findet lediglich eine Erweiterung der Tarifwirkungen auf die bisherigen Mitglieder des aufgelösten Verbandes mit ihrem Eintritt in den aufnehmen-

---

[1]) Vgl. Örtmann, Komm. I zu § 41, Anm. 4; Planck, Komm. z. BGB. I zu § 41, Anm. 2, a. E., s. aber Gierke, DPR. S. 657.

den Verband statt. In dem Falle, daß sich ein tarifbeteiligter Verband zum Zweck der Verschmelzung auflöst, treten zunächst dieselben Rechtsfolgen ein, die im gewöhnlichen Falle der Auflösung Platz greifen, d. h. der laufende Tarifvertrag muß in der Liquidation bzw. Auseinandersetzung des sich auflösenden Verbandes zu Ende geführt werden. Es ist also weder das sofortige Erlöschen des Tarifvertrages noch ohne weiteres sein Übergang auf den aufnehmenden oder neu entstehenden Verband anzunehmen [1]).

Wirtschaftlich kann der Übergang in vielen Fällen jedoch durchaus gerechtfertigt sein und auch im Interesse der Beteiligten liegen, da der neue Verband viel eher in des Lage sein dürfte, den Tarifvertrag ordnungsmäßig fortzusetzen, als der im Liquidation befindliche Verein. Oft wird es daher zu einer dahingehenden Einigung sämtlicher am Tarifvertrag Beteiligten und dem neuen Verbande kommen, daß der Tarifvertrag auf ihn übergehen soll. Rechtlich besteht die Möglichkeit zu diesem praktisch erstrebenswerte Ziele zu gelangen, wenn auch ein unmittelbarer Eintritt in den alten Tarifvertrag gesetzlich nicht begründet ist. Vielmehr bedarf es der Beendigung des Tarifvertrages in der Liquidation, bzw. Auseinandersetzung des sich auflösenden Verbandes. In den Fällen des Einverständnisses der Beteiligten braucht sie aber nicht im Wege der fristgerechten Kündigung zu erfolgen, sondern kann durch Vereinbarung der Parteien mit sofortiger Wirkung vor sich gehen. Nunmehr kann der Tarifvertrag mit den gleichen Bedingungen mit dem aufnehmenden bzw. neu entstandenen Berufsverein neu abgeschlossen werden [2]). Da es sich hierbei nicht um eine Rechtsnachfolge sondern um einen Neuabschluß handelt, muß für die Eintrittsvereinbarung die Schriftform des § 1 TVO. gewahrt werden. Daraus, daß der alte Tarifvertrag beendet wird, folgt, daß nur diejenigen Mitglieder des aufgelösten Verbandes weiterhin von den Tarifbedingungen erfaßt werden, die dem neuen, bzw. aufnehmenden Verbande beitreten. Die übrigen Mitglieder werden frei, da ein Fall des § 1, II TVO., wonach der Austritt aus einem Verbande vom Tarifvertrag nicht befreit, wenn man bei Abschluß des Arbeitsvertrages Mitglied einer vertragschließenden Vereinigung gewesen ist, nicht vorliegt. Denn das setzt voraus, daß der Tarifvertrag weiter

[1]) a. M. Neumann, in Arbeitsrechtspraxis 1929, S. 54. Nach Neumann erlischt der Tarifvertrag.

[2]) Vgl. Erdel, in ArbR. 1925, Sp. 103/04; Görrig, in SchlW. 1925, Sp. 145 ff.

besteht, findet also in den Fällen der Beendigung des Vertrages verbunden mit Neuabschluß keine Anwendung.

Dieser Weg ist jedoch nur gangbar bei Einverständnis sämtlicher Beteiligter; denn wenn die Gegenpartei zur Fortsetzung des Vertrages mit dem aus der Verschmelzung entstehenden Verbande nicht gewillt ist, so wird sie den Neuabschluß verweigern. Dennoch kann in den Fällen der Fusion die Fortsetzung mit dem neuen Verbande objektiv durchaus gerechtfertigt und wirtschaftlich erstrebenswert erscheinen, weil dann in der Regel entweder alle oder die überwiegende Mehrzahl der Mitglieder dem neuen, bzw. aufnehmenden Verbande beizutreten pflegen.

Es ist daher im Schrifttum der Versuch gemacht worden, die Fortsetzung des Tarifvertrages auch gegen den Willen der Gegenpartei aus dem Gesichtspunkt der Rechtsnachfolge zu begründen. Die Übertragung des Tarifvertrages auf den neuen Verband soll im Wege der Forderungsabtretung gemäß § 398 ff. BGB. erfolgen [1]).

Bei Branchentarifverträgen dürfte dieser Weg aber meistenteils schon mit Rücksicht auf § 399 BGB. nicht möglich sein, da hier die Leistung an einen anderen als den ursprünglichen Gläubiger nicht ohne Veränderung ihres Inhalts erfolgen kann.

Meines Erachtens ist aber hier die Anwendung der Vorschriften §§ 398 ff. BGB. überhaupt nicht möglich. Denn dieser Abschnitt des BGB. behandelt die Abtretung einzelner Forderungen und Rechte, wobei freilich auch mehrere aus demselben Rechtsverhältnis entsprungene Forderungen jede einzeln für sich abgetreten werden können [2]). Nun kann aber ein Tarifvertrag nicht als die Summe einer größeren Anzahl von Forderungen angesehen werden, sondern enthält, wie jeder Vertrag, auch Verpflichtungen. Hinsichtlich der Verpflichtungen wäre also eine Schuldübernahme notwendig, zu deren Wirksamkeit nach § 415 BGB. die Genehmigung des Gläubigers, also der Gegenpartei des Tarifvertrages erforderlich ist [3]). Vor allem ent-

---

[1]) Vgl. Erdel, in ArbR. 1925, Sp. 105/07; und SchlW. S. 153/54.

[2]) Vgl. Staudinger, Komm. z. BGB. zu § 398, Anm. I.

[3]) So richtig Goerrig, in SchlW. 1925, S. 145 ff. Der Einwendung Erdels in SchlW. 1926 Sp. 154, die Unterstellung unter die Vertragspflichten erfolge ohne Schuldübernahme und bedürfe mithin auch nicht der Zustimmung des Gläubigers, insofern als nach § 404 BGB. der andere Vertragsteil dem Zessionar alle Einreden entgegenhalten kann, die er gegenüber dem Zedenten hatte, und demnach der eingetretene Verband von dem Eintritt keinen Nutzen haben könne, wenn er nicht auch die Tarifvertragspflichten zu erfüllen bereit sei, würde

hält aber der normative Teil des Tarifvertrages weder subjektive Rechte noch Pflichten, sondern objektives Recht. Auf diesen Teil des Tarifvertrages sind demnach die Regeln über die Forderungsabtretung überhaupt nicht anwendbar.

Abgesehen von diesen rechtlichen Gesichtspunkten, ist die Rechtsnachfolge eines anderen Verbandes in einen Tarifvertrag gegen den Willen der Gegenseite auch aus tatsächlichen Erwägungen abzulehnen. Denn nicht jeder Tarifverband bietet der Gegenpartei die gleiche Sicherheit bezüglich der ordnungsmäßigen Einhaltung und Durchführung der Tarifbedingungen. Auf Arbeitnehmerseite ergibt sich das u. a. schon aus der politisch sehr verschiedenen Einstellung der Gewerkschaften, die sich notwendigermaßen auch in Fragen der Erhaltung des Wirtschaftsfriedens auswirkt. Auf Arbeitgeberseite bietet eine Vereinigung von wirtschaftlich starken und von Konjunkturen unabhängigen Arbeitgebern für die Einhaltung von Tarifverträgen naturgemäß größere Gewähr als eine solche, bei deren Mitgliedern diese Voraussetzungen nicht vorliegen.

Bei Fusionen von Arbeitnehmerverbänden kommt als wesentliches Moment noch hinzu, daß es eine bedeutende Rolle spielt, einem wie großen Kreise von Arbeitnehmern die tariflichen Mindestbedingungen gewährt werden müssen. Auch unter diesem Gesichtspunkt könnte die Rechtsnachfolge in Tarifverträge gegen den Willen der Arbeitgeberseite durchaus unbillig sein. Denn in der Regel würde durch Rechtsnachfolge bei Fusion ein starkes Anwachsen der den Tarifbedingungen unterfallenden Arbeitsverträge stattfinden, da ja in diesem Falle keine Beendigung des Tarifvertrages Platz greift, und infolgedessen einerseits alle bisher dem Tarifvertrag unterfallenden Arbeitnehmer, auch soweit sie dem neuen Verbande nicht beitreten, Anspruch auf die Gewährung der tariflichen Mindestbedingungen hätten (§ 1, II TVO.), und andererseits die Arbeitsverträge mit sämtlichen Mitgliedern des eintretenden Verbandes unter Berücksichtigung der tariflichen Mindestbedingungen abzuschließen wären [1]).

Aus all diesen Gründen ist eine Rechtsnachfolge in Tarifverträge

eine Umgehung des § 415 BGB. bedeuten und ist überhaupt abwegig. Denn nach Erdels Konstruktion würden die Rechte der Gegenpartei aus dem Tarifvertrage zu bloßen Einwendungen herabsinken. Überdies würde sich aus seiner Ansicht die Übertragbarkeit sämtlicher Rechte und Pflichten der einen Seite aus einem Vertrage auf einen Dritten ohne Zustimmung des anderen Vertragsteiles auf dem Wege über § 404 BGB. ergeben. Ein befremdliches Ergebnis!

[1]) Vgl. Görrig, SchlW. 1925, S. 145 ff.

als unzulässig abzulehnen. Auch aus dem Gesetz läßt sich ein solcher Fall der Rechtsnachfolge nicht begründen.

Es besteht auch keine praktische Notwendigkeit zur Anerkennung der Rechtsnachfolge in Tarifverträge im Falle der Fusion. Denn soweit im Einzelfall die wirtschaftlichen und praktischen Umstände eine Fortsetzung des Tarifvertrages erstrebenswert erscheinen lassen, und sich die Weigerung der Gegenseite zum Neuabschluß als ungerechtfertigt erweist, bietet das Gesetz dem durch die Fusion entstandenen Verbande die Möglichkeit im Wege des Schlichtungsverfahrens den Abschluß eines Tarifvertrages herbeizuführen. Wenn sich der frühere Tarifvertrag als brauchbar erwiesen hat, und durch die Fusion keine wesentliche Verschiebung seiner wirtschaftlichen Grundlage stattgefunden hat, insbesondere wenn alle oder die überwiegende Mehrzahl der Mitglieder des früheren Verbandes dem neuen beigetreten sind, so werden die Schlichtungsbehörden auch keine Bedenken haben, in ihrem Schiedsspruch dieselben Bedingungen für den neuen Tarifvertrag festzulegen, die sich beim früheren Tarifvertrag als brauchbar erwiesen haben. Hat aber eine Veränderung der Umstände stattgefunden, so kann sie im Schiedsspruch gebührend berücksichtigt werden. Es besteht aber auch nur dann ein berechtigtes Interesse an der vollständigen Aufrechterhaltung der Bedingungen des früheren Tarifvertrages, wenn diese infolge der praktisch unveränderten Lage geboten erscheint.

Ein wesentlicher Unterschied zwischen der Fortsetzung des Tarifvertrages im Wege eines (evtl. für verbindlich erklärten) Schiedsspruchs gegenüber der von der Gegenmeinung vertretenen Rechtsnachfolge besteht darin, daß es sich im ersteren Falle um den Neuabschluß des Tarifvertrages handelt, im zweiten Falle jedoch um die Fortsetzung des alten Vertrages handeln würde. Die „Fortsetzung" des Vertrages auf Grund eines Schiedsspruches mit dem neuen, bzw. aufnehmenden Verband rechtfertigt also nicht die Anwendung des § 1, II TVO. Sobald der alte Tarifvertrag infolge der endgültigen Auflösung des früheren Tarifverbandes beendigt ist, werden die Mitglieder des aufgelösten Verbandes demnach von den Tarifbedingungen frei, soweit sie nicht dem neuen Verbande beitreten. Weiterhin ergibt sich daraus auch das Erfordernis der ordnungsmäßigen Beendigung des alten Tarifvertrages in der Liquidation bzw. Auseinandersetzung des seine Fusion und damit seine Auflösung herbeiführenden Verbandes in dem früher dargelegten Sinne.

III. Abschnitt.

Selbstauflösung eines Berufsvereins und Schlichtungsverfahren.

Während sich die bisherigen Ausführungen mit den Rechtsfolgen der Auflösung und Fusion von Berufsvereinen für einen bestehenden Tarifvertrag befaßten, soll im folgenden die Rechtslage erörtert werden, die sich bei der Auflösung eines Verbandes vor dem Zustandekommen des Tarifvertrages ergibt. Dabei werden insbesondere die Fälle ins Auge zu fassen sein, in denen ein Tarifabschluß im Wege des Schlichtungsverfahrens angestrebt wird. Denn soweit die Parteien in freier Verhandlung über den Abschluß des Tarifvertrages stehen, hat der Auflösungsbeschluß der einen Seite regelmäßig die sofortige Beendigung der Tarifverhandlungen zur Folge, da grundsätzlich auch auf dem Gebiete des Tarifvertrages das Prinzip der Vertragsfreiheit und somit auch Abschlußfreiheit gilt [1]).

Außer der freien Vereinbarung von Tarifverträgen kennt das Gesetz aber eine Mitwirkung der öffentlichen Verwaltung zum Zwecke des Zustandekommens von Gesamtvereinbarungen. Diesem Zwecke dienen die Schlichtungsbehörden.

Nach dem Wortlaut des Gesetzes ist die Schlichtung eine Hilfeleistung zum Abschluß von Gesamtvereinbarungen (§ 3 SchlVO.). Die Hilfeleistung besteht in erster Linie in unparteiischer auf den Abschluß einer Gesamtvereinbarung gerichteter Vermittlung durch die Schlichtungsstellen. Soweit diese keinen Erfolg hat, erläßt die Schlichtungsstelle einen Schiedsspruch, der in der Regel ein nicht bindender Vorschlag für den Abschluß einer Gesamtvereinbarung ist (vgl. § 5, IV SchlVO.). In Ausnahmefällen ist der Schiedsspruch kraft Gesetzes sofort für die Parteien bindend (vgl. §§ 75, 80 BRG. i. V. m.

---

[1]) Es besteht die Möglichkeit, daß obligatorische Verpflichtungen unter den Parteien zum Abschluß des Tarifvertrages begründet werden. Aus Verletzung solcher Pflichten können sich Schadenersatzansprüche ergeben. Auch sind formlose Vorverträge zu Tarifverträgen denkbar, aus denen sich eine Klage auf Tarifabschluß rechtfertigt. Vgl. hierzu Siller, NZfA. 1928, S. 675 ff.

§ 5, IV, 3 SchlVO.). Auch können die Parteien im voraus vereinbaren, daß der Schiedsspruch für sie verbindlich sein soll. Von diesen Fällen abgesehen, wird der Schiedsspruch durch freiwillige Annahme beider Parteien bindend (§ 5, IV, 2 SchlVO.). Erfolgt die Annahme nicht, so kann der Schiedsspruch unter gewissen gesetzlichen Voraussetzungen durch die Schlichtungsbehörden für verbindlich erklärt werden (§ 6 SchlVO.). Das Verfahren auf Verbindlicherklärung kann auf Antrag einer Partei, die den Schiedsspruch angenommen hat, oder, wenn das öffentliche Interesse die Einleitung erfordert, auch von Amts wegen eingeleitet werden (§ 23 der zweiten Ausführungsverordnung zur Schlichtungsverordnung). Inhaltlich muß der Schiedsspruch eine vollständige Gesamtvereinbarung enthalten. Sobald der Schiedsspruch aus einem der erwähnten Gründe bindend wird, ist daher die Gesamtvereinbarung zur Entstehung gelangt. Weiterer Rechtshandlungen bedarf es hierzu nicht. Einen im Wege der Verbindlicherklärung zustandegekommenen Tarifvertrag bezeichnet man als „Zwangstarif", da er dem Willen mindestens einer Partei widerspricht.

In der Praxis sind nun Fälle vorgekommen, wo sich Berufsvereine aufgelöst haben, um dadurch dem Zwangstarif zu entgehen. Diese Vorkommnisse haben Anlaß zu Erörterungen darüber gegeben, ob durch die Selbstauflösung die Verbindlicherklärung von Schiedssprüchen verhindert werden kann. Im folgenden soll jedoch ganz allgemein untersucht werden, ob und welche Bedeutung die Selbstauflösung eines Berufsverbandes für ein Schlichtungsverfahren haben kann.

Je nach dem Zeitpunkt der Auflösung wird zunächst die Frage zu prüfen sein,

ob durch den Auflösungsbeschluß vor Einleitung des Schlichtungsverfahrens dessen Eröffnung gegen einen Verband in Liquidation gehindert wird (I),

sodann, ob die Auflösung im Laufe des Schlichtungsverfahrens den Erlaß eines Schiedsspruchs ausschließt (II),

und endlich, ob bei Auflösung nach Erlaß des Schiedsspruchs noch dessen Verbindlicherklärung möglich ist (III).

Nach Erörterung dieser rechtlichen Fragen wird zum Schluß darauf einzugehen sein, ob durch die Auflösung eines am Verfahren beteiligten Verbandes die Interessenlage im allgemeinen so stark verändert wird, daß ein praktisches Bedürfnis auf Schiedsspruchserlaß, bzw. dessen Verbindlicherklärung nicht mehr besteht.

I. Die Neueinleitung eines Schlichtungsverfahrens setzt voraus, daß ein schlichtungsfähiger Verband vorhanden ist, denn nur ein solcher ist im Schlichtungsverfahren parteifähig. In einem Verfahren, das auf den Abschluß eines Tarifvertrages gerichtet ist, fällt die Schlichtungsfähigkeit mit der Tariffähigkeit zusammen. Daraus ergibt sich, daß die Einleitung eines Schlichtungsverfahrens gegen einen Verband nach Ergehen eines Auflösungsbeschlusses aus verfahrensrechtlichen Gründen nicht zulässig ist, wenn die Liquidation, bzw. Auseinandersetzung des Verbandes bereits beendet ist oder aber gar nicht stattgefunden hat. Denn dann fehlt es an der Tariffähigkeit bzw. Schlichtungsfähigkeit der Gegenpartei.

Soweit aber der Verband noch in der Liquidation, bzw. Auseinandersetzung fortbesteht, ergeben sich verfahrensrechtliche Bedenken gegen die Neueinleitung eines Schlichtungsverfahrens nicht. Ihre Zulässigkeit hängt dann vielmehr davon ab, ob sich die Neueinleitung des Verfahrens aus dem Liquidationszweck rechtfertigt. Denn nur insoweit besteht der Verband fort, als es der Liquidationszweck erfordert (§§ 49, II, 730, II, 1 BGB.). Es müßte sich dabei also entweder um ein laufendes (bzw. „schwebendes") Geschäft handeln, das vor der endgültigen Auflösung zu beendigen ist, oder um die Eingehung eines neuen Geschäfts, das zur Abwicklung der schwebenden Geschäfte erforderlich ist. Diese Voraussetzungen liegen aber nicht vor. Denn die Gesamtstreitigkeiten, die zur Einleitung des Schlichtungsverfahrens führen, haben stets den Charakter von Interessenstreitigkeiten, d. h. sie haben tatsächlichen, nicht rechtlichen Charakter. Es wird nicht eine Entscheidung unter Anwendung oder Auslegung bestehenden Rechts angestrebt, sondern es soll eine Vereinbarung im Wege des Interessenausgleichs geschaffen werden. Das Schlichtungsverfahren ist immer gerichtet auf Schaffung einer neuen Gesamtvereinbarung, nicht auf Auslegung einer bestehenden [1]). Die Eröffnung des Schlichtungsverfahrens wird also stets durch ein tatsächliches Streitverhältnis veranlaßt. Ein solcher Gesamtstreit tatsächlicher Natur kann für sich allein aber nicht als laufendes, bzw. schwebendes „Geschäft" im Sinne der §§ 49, 730 BGB. angesehen werden. Denn die Anwendung dieser Vorschriften setzt voraus, daß irgendwelche rechtlichen Bindungen der sich auflösenden Vereinigungen bestehen, die der Abwicklung bedürfen.

[1]) H. L. vgl. u. a. Kaskel, Arbeitsrecht S. 351; Dersch, Komm. z. SchlVO. S. 181, Anm. d. aa.; a. M. Erdmann, NZfA. 1923, Sp. 14 ff.

Die Neueinleitung eines Schlichtungsverfahrens gegen einen im Liquidations- bzw. Auseinandersetzungsstadium befindlichen Berufsverein ist also als unzulässig abzulehnen, da sie den durch den Liquidationszweck begrenzten Geschäftsbereich des Verbandes überschreiten würde [1]).

II. Ergeht der Auflösungsbeschluß jedoch nach Einleitung des Schlichtungsverfahrens, so gilt formell das gleiche, d. h. die Fortsetzung des Schlichtungsverfahrens bis zum Schiedsspruch ist verfahrensrechtlich gegen den Verband in Liquidation bzw. Auseinandersetzung möglich, da er auch in diesem Stadium schlichtungsfähig ist [2]).

Die Zulässigkeit der Fortführung des Verfahrens in materieller Hinsicht ergibt sich demnach auch hier daraus, ob sie als ein Geschäft anzusehen ist, das in der Liquidation bzw. Auseinandersetzung abzuwickeln ist. Dann könnte sich u. U. der Fall ergeben, daß ein Liquidations- bzw. Auseinandersetzungsverfahren eigens zu dem Zwecke der Beendigung des Schlichtungsverfahrens erforderlich wäre, wenn keine sonstigen in der Liquidation zu beendigenden Geschäfte vorhanden sind.

In der Literatur ist die Frage lebhaft umstritten. Zur Ablehnung der Fortführung des Verfahrens wird vor allem ausgeführt, das Verfahren vor dem Schlichtungsausschuß bezwecke den Abschluß eines neuen Tarifvertrages und dieser sei nicht ein neues Geschäft, welches der Beendigung laufender Geschäfte dient im Sinne der §§ 49, 730 BGB. Denn hierunter fallen nur formell nicht materiell neue Geschäfte. Ein Tarifvertrag sei aber formell und materiell neu, weil ohne Zusammenhang mit laufenden Geschäften. Er begründe neue, erst in der Zukunft sich auswirkende Verpflichtungen [3]).

---

[1]) Vgl. Nipperdey, Lehrb. d. ArbeitsR. II, S. 156 oben; Kandeler, in „Kaufmann in Wirtsch. u. Recht" 1926, S. 393; a. M. Aubele, in MittBl. d. SchlAusschuß Groß-Berlin, 1923, S. 87; Finke, a. a. O., S. 81.

[2]) Es würde auch nicht etwa § 239 ZPO. unter analoger Anwendung auf die Schlichtung der Fortsetzung des Verfahrens entgegenstehen. Denn die Liquidation hat die Wirkung, daß das bisherige Rechtssubjekt (wenn auch mit beschränkten Zwecken) fortbesteht und lediglich durch andere Organe gesetzlich vertreten wird. Siehe dazu auch Stein-Jonas zu § 239 ZPO.

[3]) Vgl. Erdmann in NZfA. 1923, Sp. 14 ff.; Kaskel, Arbeitsrecht, S. 31; Fögen b. Kaskel, Hauptfragen d. TarifR., S. 81 ff.; SchlAussch. Braunschweig, mitget. in SchlW. 1921 Nr. 5; 1922 Nr. 3, S. 60; ferner Albinus, NZfA. 1921, Sp. 145 ff.; Else Buddeberg in: Die Bescheide d. Reichsarbeitsministers unter dem Gesichtspunkt der Fortentwicklung des Rechts, S. 54 ff. und SchlW. 1927 Nr. 2, Sp. 70 ff. Im Ergebnis kommen die beiden letzteren Autoren aber zur Fortführung des Verfahrens trotz der Auflösung.

Dem kann jedoch nicht beigetreten werden. Denn ein Gesamtstreit, der Gegenstand eines Schlichtungsverfahrens ist, muß m. E. als ein „schwebendes Geschäft" im Sinne der §§ 49, 730 BGB. angesehen werden. Zwar ist es richtig, daß die Schlichtung nur im vertragsfreien Raum möglich ist; es handelt sich nicht um die Anwendung bestehenden Rechts, wie etwa im Zivilprozeß. Das setzen die Vorschriften der §§ 49, 730 BGB. aber auch nicht voraus. Es genügt für die Anwendbarkeit dieser Vorschriften, daß der in Auflösung befindliche Verband irgendwelche rechtlichen Bindungen eingegangen hat, deren Abwicklung noch vor der endgültigen Auflösung gerechtfertigt erscheint, da sie nach diesem Zeitpunkt nicht mehr möglich ist. Auf die Natur des zugrundeliegenden Verhältnisses kommt es dabei nicht an. Es besteht lediglich in tatsächlicher Hinsicht das Erfordernis, daß die Beendigung des Geschäfts noch nicht erfolgt ist („schwebendes" Geschäft), und in rechtlicher Hinsicht eine Bindung des sich auflösenden Verbandes in einem Umfang begründet ist, der die Abwicklung in der Liquidation rechtfertigt. Die rechtliche Bindung in bezug auf das Streitverhältnis verleiht diesem auch zugleich den Charakter eines „Geschäfts" im Sinne des Gesetzes. Wenn nun auch das Schlichtungsverfahren ein recht frei gestaltetes Verfahren ist, so schafft es doch rechtliche Bindungen, die dem Gesamtstreit den Charakter eines schwebenden Geschäfts geben, und denen sich demnach die Parteien nicht ohne weiteres durch die Selbstauflösung entziehen können. Der Gesamtstreit hat nicht mehr rein tatsächliche Natur. Denn mit der Anhängigmachung des Schlichtungsverfahrens unterwerfen sich die Beteiligten den dafür geltenden Verfahrensregeln. Aus diesen ergibt sich auch, inwieweit der Gesetzgeber den Parteien ein Einwirkungsrecht auf den Fortgang des Verfahrens gewähren wollte. Gerade im Schlichtungsverfahren ist nun die Einwirkung sehr eingeschränkt, da das Schlichtungsverfahren weitgehend allgemeinen Bedürfnissen dient, und beim Schlichtungsverfahren nicht nur die Interessen der unmittelbar Beteiligten auf dem Spiele stehen. So liegt z. B. im Schlichtungsverfahren im Gegensatz zum Zivilprozeß der Betrieb des Verfahrens nicht bei den Parteien, sondern es gilt das Offizialprinzip. Bezüglich der Einleitung des Verfahrens trifft das zwar nicht im vollen Umfang zu, doch soll auch die Einleitung des Verfahrens von Amts wegen erfolgen, wenn das öffentliche Interesse das Eingreifen der Schlichtungsbehörde erfordert (§ 12 d. 2. AusführungsVO. z. SchlVO.). Für die Fortführung des Verfahrens gilt aber der Offizialbetrieb ausschließlich. Ferner erfolgt die Herbeischaffung der erforderlichen Tatsachen für die Sachaufklärung (§ 21 d. 2. AusfVO. z. SchlVO.) und die Begrenzung des Streitstoffes von Amts wegen. Es herrscht also die Untersuchungsmaxime. Ebenso liegt auch die Beendigung des Verfahrens nur insoweit bei den Parteien, als sie zu einer Einigung kommen; denn damit ist der Schlichtungszweck erreicht. Von diesen Fällen abgesehen, haben die Parteien jedoch keinen unmittelbaren Einfluß auf die Beendigung des Verfahrens, und es wird in der Regel bis zum Schiedsspruch (bzw. die Verbindlicherklärung) durchzuführen sein. Die Beendigung durch Einstellungsbeschluß findet nur statt, wenn entweder die notwendigen Verfahrensvoraussetzungen nicht gegeben sind, oder der Schlichtungsausschuß nach Abwägung der beiderseitigen Interessen zu der Auffassung kommt, daß kein Bedürfnis zu einem Tarifvertrag besteht, oder die Herbeiführung eines Tarifvertrages zwischen den Parteien aus anderen Gründen nicht geboten erscheint.

Als Ergebnis ist also festzustellen, daß der Auflösungsbeschluß eines Berufsvereins im Laufe eines gegen ihn anhängigen Schlichtungsverfahrens die Fortsetzung des Verfahrens und insbesondere den Schiedsspruchererlaß nicht hindert [1]). Denn ein anhängiges Schlichtungsverfahren ist ein schwebendes Geschäft, das in der Liquidation bzw. Auseinandersetzung zu beendigen ist. Freilich kann die Beendigung auch durch Einstellungsbeschluß erfolgen, wenn der Schlichtungsausschuß einen Schiedsspruch auf Grund tatsächlicher Erwägungen für unzweckmäßig hält. Dieses Ergebnis entspricht auch den in der Schlichtung geltenden Verfahrensgrundsätzen.

Die Gegenmeinung führt zu einem Ergebnis, das mit den Grundsätzen der Redlichkeit unvereinbar ist. Denn bei Anerkennung des Auflösungsbeschlusses als sofortigen Beendigungsgrund des an-

---

[1]) Bestritten! Wie hier Nipperdey, Lehrb. d. ArbeitsR. S. 156, 2, 384, Anm. 30; Aubele, in Mitt.-Bl. d. SchlAusschusses Groß-Berlin 1923, S. 74 ff. u. S. 86 ff.; Bescheid d. Reichsarbeitsmin. abgedr. in SchlW. 1921 Nr. 5; Albinus, in NZfA. 1921, Sp. 145; Kandeler, in „Der Kaufmann in Wirtsch. u. Recht", 1926, S. 393; Buddeberg, in Bescheide d. Reichsarbeitsministeriums unter dem Gesichtspunkt d. Fortentwicklung d. Rechts 1925, S. 54 ff. und in SchlW. 1927, Sp. 70 ff. mit abweichender Begründung; Finke, a. a. O., S. 81; a. M. Kaskel, Arbeitsrecht S. 31, 358; SchlAusschuß Braunschweig mitget. im SchlW. 1921 Nr. 5 u. 1922 Nr. 3; Fögen b. Kaskel, Hauptfragen S. 81/2; Erdmann NZfA. 1923, Sp. 14 ff.; Meissinger, SchlW. 1922, S. 115/16.

hängigen Schlichtungsverfahrens ergibt sich die Möglichkeit, daß jeder Verband ein Schlichtungsverfahren durch Selbstauflösung hinfällig macht, wenn auf Grund des Verlaufes der Verhandlungen für ihn ein ungünstiger Schiedsspruch zu erwarten ist. Selbst der Verband, auf dessen eigenen Antrag das Verfahren eingeleitet worden ist, könnte nach dieser Meinung durch Selbstauflösung dem Schiedsspruch entgehen, falls ein für seine Mitglieder abträgliches Ergebnis zu befürchten ist.

Auch die juristische Argumentation der Gegenmeinung, die ordnungsmäßige Beendigung des Schlichtungsverfahrens falle nicht in den durch den Liquidationszweck begrenzten Geschäftsbereich, da der Tarifvertrag neue Verpflichtungen der Mitglieder begründe, die mit den laufenden Geschäften außer Zusammenhang stehen, vermag nicht zu überzeugen und findet im Gesetz keine Grundlage. M. E. ist es überhaupt nicht gerechtfertigt, den Schiedsspruch von dem Schlichtungsverfahren als Ganzes zu trennen und als „neues Geschäft" hinzustellen. Vielmehr ist er nur ein Teil des Verfahrens, d. h. dessen ordnungsmäßiger Abschluß. Daher wurde auch im Vorstehenden die Fortführung und Beendigung des Verfahrens bei Auflösung unter dem Gesichtspunkt der Beendigung eines „laufenden Geschäfts" im Sinne des § 49, I, 1 bzw. § 730, II, 1 1. Alternative bejaht und nicht als neues Geschäft, das der Beendigung schwebender Geschäfte dient (§ 49, I, 2 bzw. § 730, II, 1 2. Alternative).

Auch wenn man aber von der Auffassung der Gegenmeinung ausgeht, daß der im Schlichtungsverfahren zustandekommende Tarifvertrag ein neues Geschäft darstellt, so muß man trotzdem zu dem Ergebnis kommen, daß sein Abschluß in den Rahmen der Liquidationsgeschäfte fällt. Denn die Tatsache, daß durch den Tarifvertrag neue Verpflichtungen unter den Parteien begründet werden, steht dem nicht entgegen, da durch den Abschluß neuer Geschäfte immer auch neue Verpflichtungen entstehen. Wenn der Gesetzgeber also die Eingehung neuer Geschäfte in der Liquidation für zulässig erklärt so bringt er damit zugleich zum Ausdruck, daß die Eingehung neuer Verpflichtungen in der Liquidation nicht ausgeschlossen sein soll. Voraussetzung soll nur sein, daß die Eingehung dieser Verpflichtung dem Liquidationszweck zu dienen bestimmt ist, d. h. das formell neue Geschäft muß materiell der Beendigung der laufenden Geschäfte dienen [1]). Dieses ist aber gerade der Zweck, der durch den Schieds-

[1]) Staudinger, Komm. z. BGB., Bem. III, 1, b zu § 49.

spruch im Schlichtungsverfahren verfolgt wird. Es soll ein Gesamtstreit, der mit der Anhängigmachung des Schlichtungsverfahrens den Charakter eines „Geschäfts" im Sinne des Gesetzes gewonnen hat (vgl. oben), durch den Abschluß einer Gesamtvereinbarung rechtlich und tatsächlich beendet werden.

Der Erlaß eines Schiedsspruches geht also in keinem Falle über den Rahmen der Liquidation hinaus.

III. Es ist nun noch die Rechtslage zu prüfen, die sich bei Selbstauflösung eines an einem Schlichtungsverfahren beteiligten Berufsvereins nach Erlaß des Schiedsspruches ergibt. Dabei interessieren die Fälle nicht, in denen der Schiedsspruch schon mit seinem Erlaß bindend ist (infolge gesetzlicher Vorschrift, vorheriger Parteivereinbarung oder Annahme durch beide Parteien). Denn dann kommt dem Schiedsspruch bereits die Wirkung einer Gesamtvereinbarung zu, und die Rechtslage ist dieselbe, wie in dem oben behandelten Falle der Auflösung eines Verbandes vor Ablauf des Tarifvertrages.

Soweit diese Voraussetzungen jedoch nicht vorliegen, hat der Schiedsspruch zunächst nur die Bedeutung eines nicht bindenden Vorschlags für den Abschluß einer Gesamtvereinbarung. Der eigentliche mit dem Schlichtungsverfahren verfolgte Zweck, die Herbeiführung einer Gesamtvereinbarung, wird erst mit seiner Verbindlichkeitserklärung durch die Schlichtungsbehörde erreicht. Wenn nun eine der Parteien vor der Verbindlicherklärung ihre Anflösung beschließt, sei es, um dem für sie ungünstigen Schiedsspruch zu entgehen, oder aus einem anderen Grunde, so fragt sich, ob die Verbindlicherklärung noch möglich ist oder (etwa infolge Wegfalls einer Partei) [1] hinfällig wird.

Für die Entscheidung des Problems sind dieselben Erwägungen maßgebend, die in dem Falle der Auflösung vor Schiedssprucherlaß zu erörtern waren. Denn die Verbindlicherklärung ist nicht ein Verwaltungsakt, der von dem Schlichtungsverfahren zu trennen ist, da sie nur in einzelnen Fällen beim Vorliegen gewisser gesetzlicher Voraussetzungen Platz greift, sondern sie ist Bestandteil des Schlichtungsverfahrens [2]).

[1]) So Kaskel, Arbeitsrecht, S. 31; Meissinger, SchlW. 1922, S. 115/16.

[2]) Wohl geht sie über den Rahmen des Schlichtungsverfahrens als Hilfeleistung zum Abschluß von Gesamtvereinbarungen insoweit hinaus, als sie einen

Zwar besteht niemals ein Anspruch der Parteien auf Verbindlicherklärung, da hierzu gewisse sachliche Voraussetzungen gegeben sein müssen (§ 6 SchlVO.), über deren Vorliegen die Schlichtungsbehörde nach freiem Ermessen entscheidet. Es endet demnach auch nicht jedes Schlichtungsverfahren, in dem nicht ein bindender Schiedsspruch ergangen ist, mit dessen Verbindlicherklärung. Die Partei, die zur Annahme des Schiedsspruches bereit ist, kann jedoch immer den Antrag auf Verbindlicherklärung stellen und, soweit das öffentliche Interesse es erfordert, kann das Verfahren auch von Amts wegen eingeleitet werden (§ 23, 2. AusfVO. z. SchlVO.). In diesen Fällen ist das Schlichtungsverfahren erst beendet, wenn entweder die Verbindlicherklärung nicht beantragt wird, oder das Verfahren auf Verbindlicherklärung eingeleitet und in stattgebendem oder ablehnendem Sinne entschieden wird. Auf jeden Fall ist aber das Verfahren auf Verbindlicherklärung Bestandteil des Schlichtungsverfahrens als Ganzes, da es materiell demselben Zwecke (der Beendigung des Gesamtstreits durch Herbeiführung einer Gesamtvereinbarung) dient und formell im Anschluß an das Schiedsspruchsverfahren stattfindet.

Löst sich die eine Partei vor der Verbindlicherklärung auf, so handelt es sich mithin auch hier um eine Auflösung im Laufe des Schlichtungsverfahrens. Die Frage, ob dadurch die Beendigung des Verfahrens, d. h. die Verbindlicherklärung des Schiedsspruches, ausgeschlossen wird, ist demnach zu verneinen[1]), und zwar aus denselben Gründen wie bei der Auflösung vor Schiedsspruchserlaß. Denn auch die Verbindlicherklärung ist unter dem Gesichtspunkt der Beendigung der laufenden, bzw. schwebenden Geschäfte gerechtfertigt. Der sich auflösende Verband besteht daher bis zur Beendigung des

---

Eingriff in das Prinzip der Vertragsfreiheit darstellt. Denn durch sie wird eine Gesamtvereinbarung gegen den Willen mindestens der einen Partei geschaffen. Daher ist sie auch als „Fremdkörper im Schlichtungsrecht" bezeichnet worden. (Siehe Nipperdey, Lehrb. d. ArbeitsR. II, S. 369.) Doch ist sie von dem Gesetzgeber mit Rücksicht auf das in der Schlichtung obwaltende öffentliche Interesse bewußt als letzte Konsequenz in das Schlichtungsrecht aufgenommen worden.

[1]) Vgl. Nipperdey, Lehrb. d. ArbeitsR. II, S. 156, 2; Rauh, SchlW. 1922, S. 175; GewGer. Stuttgart, Urt. v. 24. XII. 1921; Erdel, SchlW. 1922, S. 135 ff.; Buddeberg, Die Bescheide des Reichsarbeitsmin. S. 55; Finke, a. a. O., S. 81; a. M. Kaskel, Arbeitsrecht, S. 31; Fögen b. Kaskel, Hauptfragen S. 81/2; Meissinger, SchlW. 1922, S. 115/16; Frielinghaus, SchlW. 1922, S. 195.

Verfahrens auf Verbindlicherklärung in Liquidation, bzw. Auseinandersetzung auf jeden Fall weiter. Daher ist die Verbindlicherklärung auch nicht etwa wegen Wegfalls einer Partei ausgeschlossen.

Formell sei noch bemerkt, daß, sofern eine Mitwirkung der Parteien in dem Verfahren notwendig ist, der in Auflösung befindliche Verband durch die Liquidatoren vertreten wird. Die Mitwirkung beschränkt sich in dem Verfahren auf Verbindlicherklärung auf das Anhörungsrecht (§ 24 2. AusfVO. z. SchlVO.), durch das den Parteien Gelegenheit gegeben werden soll, der entscheidenden Stelle persönlich ihre Auffassung kundzutun. Auf Grund dessen soll nach Möglichkeit noch eine Einigung zwischen den Parteien versucht werden [1].

Die Durchführung des Verfahrens auf Verbindlicherklärung trotz Einleitung der Selbstauflösung der einen Partei entspricht auch dem Zweck der Verbindlicherklärung. Denn durch das Institut der Verbindlicherklärung sollte eine Handhabe geschaffen werden, um einer Partei gegebenenfalls eine Gesamtvereinbarung aufzuzwingen, wenn sie der Billigkeit entspricht und es das öffentliche Interesse erfordert. Es soll den Berufsvereinen (und einzelnen Arbeitgebern) die Möglichkeit genommen werden, sich aus ungerechtfertigten, egoistischen Gründen der kollektiven Regelung der Arbeitsbedingungen dauernd durch Ablehnung der Schiedssprüche zu entziehen.

Das Endergebnis kann somit dahin zusammengefaßt werden:

Die Neueinleitung eines Schlichtungsverfahrens ist gegen einen Verband in der Liquidation bzw. Auseinandersetzung nicht möglich. Die Beendigung des Schlichtungsverfahrens durch Schiedssprucherlaß bzw. Verbindlicherklärung wird jedoch durch den Auflösungsbeschluß nach Anhängigmachung des Verfahrens rechtlich nicht gehindert.

IV. In vielen Fällen dürfte jedoch der Schlichtungsausschuß aus tatsächlichen Erwägungen von dem Erlaß eines Schiedsspruches bzw. dessen Verbindlicherklärung gegen einen in der Auflösung befindlichen Verband absehen und zur Beendigung des Verfahrens durch Einstellungsbeschluß kommen.

Denn einerseits wäre ein Tarifvertrag, der auf diesem Wege zustandekommt nur von kurzer Lebensdauer. Seine Geltungszeit würde

---

[1]) Siehe Dersch, Die neue SchlVO. S. 538/39.

sich auf den Ablauf der einmaligen Kündigungsfrist beschränken; denn mit seinem Zustandekommen wäre er im Zweifel als von dem sich auflösenden Verband gekündigt anzusehen. Die Rechtslage würde insofern dem oben erörterten Falle der Auflösung vor Ablauf eines Tarifvertrages entsprechen (vgl. S. 10).

Weiterhin fällt aber mit der Auflösung des einen beteiligten Berufsverbandes meistenteils auch das öffentliche Interesse an der Durchführung des Schlichtungsverfahrens weg [1]). Denn das öffentliche Interesse, dem Schlichtung und Verbindlicherklärung dienen, besteht nicht unmittelbar an dem Vertragsschluß als solchem, sondern an der Erhaltung des Wirtschaftsfriedens. Der Vertragsabschluß ist nur Mittel zu seiner Sicherung bzw. Wiederherstellung. Eine Gefährdung des Wirtschaftsfriedens findet nun aber, sofern ein organisierter Arbeitskampf in Frage kommt, durch einen in der Auflösung begriffenen Verband in der Regel nicht mehr statt. Gegenüber einem von dem Berufsverband unabhängigen Arbeitskampf (z. B. einem wilden Streik, oder Aussperrung durch einzelne Arbeitgeber) wäre aber ein Tarifvertrag mit dem in Liquidation befindlichen Verband ohne Bedeutung.

Meistenteils müssen mithin andere Wege zur Erreichung des Schlichtungszwecks gesucht werden. Die Möglichkeiten hierfür sind verschieden, je nachdem ob sich ein Arbeitgeber- oder Arbeitnehmerverband auflöst. Im allgemeinen dürfte es sich in der überwiegenden Mehrzahl der Fälle um die Auflösung eines Arbeitgeberverbandes handeln. Denn auf Arbeitnehmerseite besteht meist wenig Neigung zur Auflösung, da die Begründung der Arbeitnehmerverbände in der Regel mit größeren Schwierigkeiten verbunden ist, und außerdem die Arbeitnehmer in viel stärkerem Maße von dem Bestehen ihrer Berufsvereine abhängig sind als die Arbeitgeber. Das ist eine Folge des fast ständigen Überangebotes an Arbeitskräften in sämtlichen Berufszweigen. Infolgedessen haben die Arbeitnehmer, soweit sie nicht in Verbänden zusammengeschlossen sind, wenig Aussicht auf Durchsetzung ihrer Ansprüche. Wenn sich eine Gewerkschaft aber trotzdem auflöst, so ergibt sich meistenteils recht bald die Notwendigkeit zur Neubegründung, da sich auf längere Zeit der unorganisierte Zustand nicht aufrechterhalten läßt. Daher kann sich eine Arbeitnehmergruppe

---

[1]) Vgl. Fögen b. Kaskel, Hauptfragen, S. 82; Erlaß d. Reichsarbeitsmin. v. 30. I. 1924, IV, 565.

praktisch einem Tarifvertrag, sofern er der Billigkeit entspricht, auf die Dauer nicht durch Selbstauflösung entziehen.

Auf Arbeitgeberseite ist die Lage anders. Hier finden sich öfters kleinere, lokale Berufsverbände, die nur einen lockeren Zusammenschluß zwischen den Arbeitgebern bilden und deren Wegfall keine allzu nachteiligen Folgen für die Arbeitgeber zeitigt. Die Arbeitgeber können auch auf längere Zeit auf diese Verbände verzichten und schreiten daher leicht zu der Auflösung, wenn sie sich davon irgendwelche Vorteile versprechen. Von den großen Arbeitgeberverbänden gilt das freilich nicht.

Da nun aber auch die einzelnen Arbeitgeber tariffähig und schlichtungsfähig sind, so besteht für die Schlichtungsbehörde die Möglichkeit, bei Auflösung des Verbandes das Schlichtungsverfahren gegen die einzelnen Mitglieder fortzuführen. Die dann zur Entstehung gelangenden Firmentarife haben mehr Aussicht auf eine längere Lebensdauer und dienen auch besser der Erhaltung des Wirtschaftsfriedens, als ein Tarifvertrag, der noch mit dem in der Liquidation befindlichen Verbande zustande gebracht wird.

In formeller Hinsicht ist darauf hinzuweisen, daß der Vorsitzende des Schlichtungsausschusses oder der Schlichter die gegen die einzelnen Mitglieder anhängigen Verfahren gemäß § 14, II der 2. AusfVO. z. SchlVO. miteinander verbinden kann, da es sich praktisch um die gleiche Streitigkeit handelt [1]). Erweist sich nachträglich, daß die einheitliche Regelung in Wirklichkeit nicht zweckmäßig oder nicht möglich ist, so können die Verfahren wieder abgetrennt werden. Auch die Verbindlicherklärung der Schiedssprüche gegen die einzelnen Arbeitgeber ist, soweit die Voraussetzungen des § 6 SchlVO. vorliegen, möglich. Für die Verhandlungen über die Verbindlicherklärung, kann die Verbindung des Verfahrens bestehen bleiben.

In einzelnen Fällen wird es auch nicht unbedingt erforderlich sein, gegen sämtliche einzelnen Arbeitgeber das Schlichtungsverfahren durchzuführen. Vielmehr wird es möglich sein, den mit einem Teil der Arbeitgeber zustande gekommenen Tarifvertrag im Wege der Allgemeinverbindlicherklärung auf die übrigen Arbeitgeber auszudehnen [2]).

---

[1]) So Goldschmidt, in RABl. 1924, S. 582/83; s. auch Nörpel, SchlW. 1925, S. 163; a. M. Debus in NZfA. 1925, S. 433; Opitz, SchlW. 1925, S. 165, 166.

[2]) Vgl. Goldschmidt, RABl. 1924, S. 583, a. M. Debus NZfA. 1925, S. 433 ff.

Voraussetzung dafür ist, daß die erfolgte tarifliche Regelung „überwiegende Bedeutung" für die Gestaltung der Arbeitsbedingungen des Berufskreises in dem Tarifgebiet erlangt hat (vgl. § 2 TVO.), d. h. daß bereits eine gewisse Mehrheit der fachlich artgleichen Arbeitsverhältnisse im Tarifgebiet tarifgemäß gestaltet ist. (Die überwiegende Bedeutung kann sich auch aus der obligatorischen Verpflichtung eines Tarifvertrages, auch mit Außenseitern tarifgemäß zu kontrahieren, ergeben [1].) Die Allgemeinverbindlicherklärung wird bei der Auflösung eines Verbandes hauptsächlich dann in Frage kommen, wenn Arbeitgeber mit sehr verschieden großen Betrieben Mitglieder des Verbandes waren. Es würde dann genügen, das Schlichtungsverfahren gegen die Arbeitgeber durchzuführen, welche die Mehrzahl der Arbeitnehmer beschäftigen.

---

[1]) Siehe Nipperdey, Lehrb. d. ArbeitsR. II, S. 273.

IV. Abschnitt.

Die Fusion von Berufsvereinen und das Schlichtungsverfahren.

Endlich ist noch die Rechtslage für den Fall zu erörtern, daß sich ein Berufsverband mit einem anderen verschmelzen will, während gegen einen der beteiligten Verbände ein Schlichtungsverfahren anhängig ist. Es fragt sich dann, ob das Schlichtungsverfahren trotzdem weiter geführt werden kann, oder ob Einstellung des Verfahrens und Neueinleitung gegen den neu entstehenden Verband zu erfolgen hat.

Entscheidend für diese Fragen ist, daß sich die Fusion von Berufsvereinen immer im Wege der vorhergehenden Auflösung des einen oder beider Verbände vollzieht (vgl. die Ausführungen über diesen Punkt oben S. 31 anläßlich der Fusion während der Laufzeit eines Tarifvertrages).

Keine Schwierigkeiten ergeben sich, wenn die Fusion im Wege der Auflösung des einen Verbandes verbunden mit dem Übertritt seiner Mitglieder in einen zweiten Verband vor sich geht, und nur gegen den aufnehmenden Verband ein Schlichtungsverfahren anhängig ist. Denn der aufnehmende Verband bleibt dann rechtlich derselbe, und es findet nur ein Anwachsen seiner Mitgliederzahl statt. Das Schlichtungsverfahren nimmt daher seinen Fortgang und der Schiedsspruch (d. h. die Gesamtvereinbarung) umfaßt auch die neu eintretenden Mitglieder des sich auflösenden Verbandes.

Liegt der Fall umgekehrt so, daß der zum Zwecke der Fusion untergehende Verband am Schlichtungsverfahren beteiligt ist, so liegt rechtlich ein Grund zur Einstellung des Verfahrens nicht vor. Denn auch wenn die Auflösung zum Zwecke der Verschmelzung erfolgt, so muß trotzdem eine ordnungsmäßige Liquidation bzw. Auseinandersetzung hinsichtlich des untergehenden Verbandes stattfinden. Da aber ein Gesamtstreit, über den ein Schlichtungsverfahren anhängig ist, ein laufendes bzw. schwebendes Geschäft im Sinne der §§ 49 bzw. 730 BGB. ist, so hat an sich die Durchführung des Schlichtungsverfahrens im Wege der Liquidation zu erfolgen [1]), ebenso wie bei der Auflösung eines Verbandes während eines anhängigen Schlichtungsverfahrens ohne nachfolgende Fusion.

Von der rechtlichen Möglichkeit der Fortführung des Verfahrens gegen den wegfallenden Berufsverein dürfte der Schlichtungsausschuß bei Fusion jedoch noch seltener Gebrauch machen als bei der gewöhnlichen Auflösung. Denn wenn alle oder die überwiegende Mehrzahl der Mitglieder in den neuen Verband übertritt, so kann eine Gefährdung des Wirtschaftsfriedens durch sie zwar nach wie vor bestehen bleiben, doch wird sie nicht beseitigt durch eine Gesamtvereinbarung, die noch mit dem in Auflösung befindlichen Verbande abgeschlossen wird. An diesem Schlichtungsverfahren ist also ein öffentliches Interesse nicht mehr vorhanden, und eine Verbindlicherklärung des dahin ergehenden Schiedsspruches dürfte schwerlich aus wirtschaftlichen und sozialen Gründen erforderlich sein (§ 6 SchlVO.).

Möglich ist vielmehr, daß die Gefährdung des Wirtschaftsfriedens mit der Fusion überhaupt wegfällt. Das wird vor allem anzunehmen sein, wenn der aufnehmende Verband bereits in einem Tarifverhältnis steht. Denn dann findet die tarifliche Regelung auch auf die Mitglieder der sich auflösenden Vereinigung mit ihrem Übertritt in den zweiten Verband Anwendung. Ist das jedoch nicht der Fall, und läßt sich auch mit dem aufnehmenden Verbande der Tarifabschluß nicht im Wege freier Verhandlung herbeiführen, so muß das Schlichtungsverfahren gegen den aufnehmenden Verband durchgeführt werden, um eine wirksame Sicherung des Arbeits- und Wirtschaftsfriedens zu erreichen, da ja dieser nunmehr die Interessen der Gruppe vertritt, mit welcher der Gesamtstreit schwebte.

Daher wird sich bei der Fusion im Laufe des Schlichtungsverfahrens die Weiterführung des Verfahrens gegen den wegfallenden Verband in den meisten Fällen mit Rücksicht auf die veränderten tatsächlichen Umstände erübrigen. Das anhängige Verfahren ist dann durch Einstellungsbeschluß zu beendigen.

Ebenso ist die Rechtslage, falls sich die Fusion in der Weise vollzieht, daß sich beide Verbände auflösen und ihre Mitglieder sich zu einem neuen Verbande zusammenschließen. An die Stelle des aufnehmenden Verbandes tritt dann der neu entstehende Verband.

---

[1]) Vgl. Aubele, Berl. Mitt.-Bl. 1923, S. 87/8; a. M. Erdmann, NZfA. 1923, Sp. 23/4.

Schrifttum.

Anschütz: Die Verfassung des Deutschen Reiches. 12. Aufl. 1930.

Braun: Die Konzentration der Berufsvereine. Berlin 1922.

Buddeberg: Die Bescheide des Reichsarbeitsministers unter dem Gesichtspunkt der Fortentwicklung des Rechts. Jena 1925.

Dersch: Die neue Schlichtungsverordnung. Bensheimer 1925.

Enneccerus-Kipp-Wolff: Lehrbuch des Bürgerlichen Rechts. Allg. Teil und Recht der Schuldverhältnisse. Marburg.

Erdel: Das Arbeitsrecht. Leipzig 1923.

Finke: Das Recht der Gewerkschaft auf tarifliche Regelung der Arbeitsbedingungen. Köln 1926.

Flatow-Joachim: Kommentar zur Schlichtungsverordnung. Berlin 1924.

Gierke: Die Genossenschaftstheorie und die Deutsche Rechtsprechung. Berlin 1887.

— Deutsches Privatrecht. München-Leipzig.

Hueck: Normenverträge.

— Das Tarifrecht. Stuttgart 1922.

— Das Recht des Tarifvertrages. Berlin 1920.

Hueck-Nipperdey: Lehrbuch des Arbeitsrechts. Bensheimer, Mannheim 1930.

Jacobi: Grundlehren des Arbeitsrechts. Leipzig 1927.

Kandeler: Die Stellung der Berufsverbände im öffentlichen Recht. Berlin 1927.

Kaskel: Hauptfragen des Tarifrechts. Berlin 1927.

— Arbeitsrecht. 3. Aufl.

— Koalitionen und Koalitionskampfmittel. Berlin 1925.

Lehmann: Tarifvertrag und Nachwirkung. Berlin 1927.

— Allgemeiner Teil des Bürgerlichen Gesetzbuchs. III. Aufl. Berlin-Leipzig 1928.

Lotmar: Der Arbeitsvertrag. Leipzig 1902.

Molitor: Kommentar zur Tarifvertragsordnung. Berlin 1930.

Nipperdey: Beiträge zum Tarifrecht. Mannheim-Berlin-Leipzig 1924.

— Die Grundrechte und Grundpflichten der Reichsverfassung. III. Bd. Berlin 1930.

Oertmann: Kommentar zum Bürgerlichen Gesetzbuch. 5. Aufl. Berlin 1929.

Pick-Weigert: Die Praxis des Arbeitsrechts. Berlin 1925.

Planck: Kommentar zum Bürgerlichen Gesetzbuch. Bd. I u. III. Berlin.

Potthoff: Die Einwirkung der Reichsverfassung auf das Arbeitsrecht. Leipzig 1925.

RGRKomm.: Das Bürgerliche Gesetzbuch, erläutert von Reichsgerichtsräten. VI. Aufl. 1928.

Richter, Lutz: Grundverhältnisse des Arbeitsrechts. Berlin 1928.

Rosenthal: Die gesetzliche Regelung des Tarifvertrags. Tübingen 1908.

Rummert: Das Recht der Gewerkschaften nach ihren Satzungen. Diss. 1926.

Silberschmidt: Das Deutsche Arbeitsrecht. J. Schweitzer 1923.

Sinzheimer: Ein Arbeitstarifgesetz. München-Leipzig 1916.

— Grundzüge des Arbeitsrechts. Jena 1927.

Sitzler: Schlichtungsverordnung. Berlin 1924.

Staudinger: Kommentar zum Bürgerlichen Gesetzbuch. München-Berlin-Leipzig.

Stier-Somlo: Die Verfassungswidrigkeit gewerkschaftlicher Monopolstellungen. 1927.

Stein-Jonas: Die Zivilprozeßordnung für das Deutsche Reich. 12. u. 13. Aufl. Tübingen 1926.

Tebartz: Die Gewerkschaften im öffentlichen Recht. Diss. Köln 1929.

v. Tuhr: Der allgemeine Teil des Deutschen Bürgerlichen Rechts. München-Leipzig 1914.

Zeitschriften und Entscheidungssammlungen.

Arbeitsgerichtliche Entscheidungen. Carl Heymanns Verlag Berlin.

Arbeitsrecht. Herausgeg. von Dr. Heinz Potthoff Verlag v. J. Hess, Stuttgart.

Arbeitsrecht und Schlichtung. „Das Schlichtungswesen." (Schl. W.)

Der Arbeitgeber. Zeitschrift der Vereinigten Deutschen Arbeitgeberverbände. Verlag Otto Elsner, Berlin.

Der Kaufmann in Wirtschaft und Recht. Hanseatische Verlagsanstalt, Hamburg.

Entscheidungen des Reichsarbeitsgerichts. (Entsch. d. RAG.) Walter de Gruyter und Co., Berlin und Leipzig.

Entscheidungen des Reichsarbeitsgerichts und der Landesarbeitsgerichte. J. Bensheimer. Reimar Hobbing, Mannheim-Berlin-Leipzig.

Entscheidungen des Reichsgerichts in Zivilsachen. (RGZ.)

Kartenauskunftei des Arbeitsrechts.

Materialblätter für Wirtschafts- und Sozialpolitik. (Mat. Bl.) Gewerkschaftsbund der Angestellten.

Mitteilungsblatt des Schlichtungsausschusses Groß-Berlin.

Motive zu dem Entwurf eines Bürgerlichen Gesetzbuches für das Deutsche Reich. Berlin-Leipzig 1888.

Neue Zeitschrift für Arbeitsrecht. (N. Z. f. A.) Herausgeg. von Dersch, Kaskel, Sitzler, Syrup.

Protokolle der 2. Lesung des Bürgerlichen Gesetzbuchs. Berlin 1899.

FSC
www.fsc.org
MIX
Papier | Fördert gute Waldnutzung
FSC® C083411

Kolibri 360 GmbH
Ferdinand-Jühlke-Straße 7
99095 Erfurt, Deutschland
produktsicherheit@kolibri360.de